英雄董存瑞

白东升 等编

群众出版社

图书在版编目（CIP）数据

英雄董存瑞 / 白东升等编. -- 北京：群众出版社, 2016.9
ISBN 978-7-5014-5563-8

Ⅰ. ①英… Ⅱ. ①白… Ⅲ. ①董存瑞（1929－1948）
－传记 Ⅳ. ①TQ336.1-64
中国版本图书馆CIP数据核字(2016)第194246号

英雄董存瑞

白东升 等编

出版发行：群众出版社
地　　址：北京市西城区木樨地南里
邮政编码：100038
印　　刷：北京通天印刷有限责任公司
版　　次：2016年 9月第 1 版
印　　次：2017年 7月第 3 次
印　　张：6.375 印张
开　　本：880 毫米 × 1230 毫米　1/32
字　　数：199千字
书　　号：ISBN 978-7-5014-5563-8
定　　价：26.00 元
网　　址：www.qzcbs.com
电子邮箱：qzcbs@sohu.com
营销中心电话：010-83903254
读者服务部电话（门市）：010-83903257
警官读者俱乐部电话（网购、邮购）：010-83903253
综合图书分社电话：010-83901870

存瑞中学师生清明节祭拜董存瑞烈士

教育部于2011年6月颁发给存瑞中学“董存瑞班”的牌匾

1972年存瑞组歌“人民英雄董存瑞”曲作者魏惠生老师与排练组歌的部分师生的合影

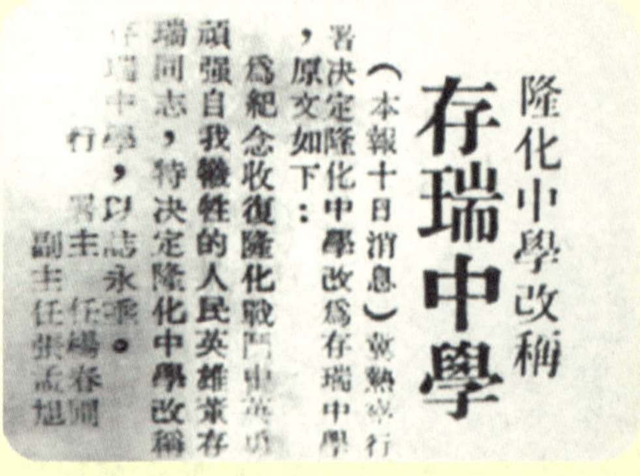

隆化中學改稱

存瑞中學

（本報十日消息）冀熱察行署決定隆化中學改爲存瑞中學，原文如下：

爲紀念收復隆化戰鬥中英勇頑強自我犧牲的人民英雄董存瑞同志，特決定隆化中學改稱存瑞中學，以誌永垂。

行署主任 楊春圃

副主任 張孟旭

1948年7月10日将隆化中学改称为存瑞中学

以董存瑞烈士牺牲纪念日为核心开展的"唱响红五月"活动

存瑞中学合唱团参加心连心演出高唱《英雄赞歌》

存瑞中学隆重纪念董存瑞烈士牺牲 68 周年

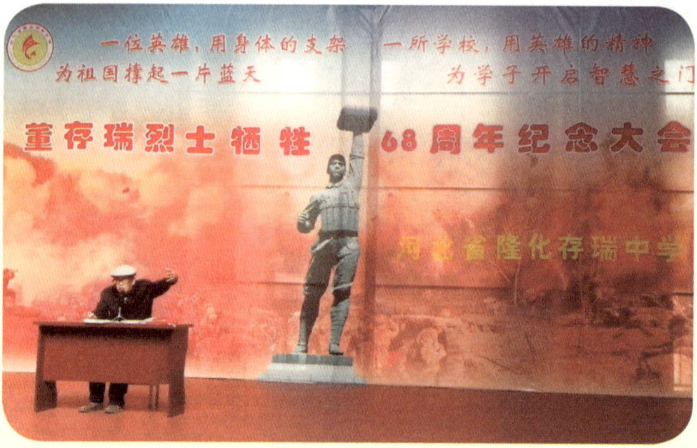

素有“存瑞传人”之称的吕小山老师在纪念烈士牺牲大会上进行传统教育

吕小山老师深入新生中讲董存瑞故事

董存梅（董存瑞妹妹）、董继英（董存瑞侄女）、“心连心”艺术团歌唱演员霍勇和校领导为“董存瑞班”颁发牌匾

中央电视台“心连心”艺术团主持人李思思、演员霍勇、乌兰图雅和“人声四兄弟”到存瑞中学和董存梅、董继英一起慰问师生

董继英老师在学校操场为李思思、乌兰图雅、霍勇和学生们讲董存瑞故事

隆化县书法协会会员在烈士像前与霍勇等进行书法笔会

董存梅与存瑞中学“董存瑞美术作品创作小组”部分成员合影

歌唱演员曲丹在“董存瑞美术作品创作室”与师生一起绘画董存瑞美术作品

董存梅和侄女董继英在校园烈士像下瞻仰烈士

《英雄董存瑞》

编委会

目 录

让英雄更有感染力

（代序）

“一尊英武的雕像，铸就了一个永恒的青春；一个擎天的壮举，勾画出一个气壮山河的灵魂……”这首《存中人》校歌，每天都以雄浑深沉的旋律回响在校园里，荡涤着一个个年轻人的心灵，激励着一个个学子学习英雄董存瑞，努力传承英雄精神，做好英雄传人。

1948年7月“隆化中学”更名为“存瑞中学”。但随着时间的流逝，“弘扬存瑞精神，争做烈士传人”主题教育活动，因为董存瑞烈士事迹、形象的渐渐简省、模糊，越来越有象征性的趋向。甚至在校生对董存瑞短暂的人生经历、战斗历程都不甚了了，更不用说一般的社会人群了。长此下去，本来血肉丰满、性格丰富、意志坚强、头脑机智、敢于拼搏的英雄董存瑞就会被简化、窄化、抽象为一种精神符号，对年轻一代的感染力、影响力就会大打折扣。从董存瑞身上学什么、怎么学，就会变得越来越空泛、越来越无从着手。

2016年5月25日，存瑞中学在每年举行的纪念董存瑞烈士牺牲纪念日活动上，着力打造英雄红色文化，推陈出新，将1972年由学校老师创作的《董存瑞之歌》的一部分“苔山青松”，由学校的“英雄之声”合唱团表演出来；又推选八名学生分别脱稿讲诵了董存瑞系列故事的八个精彩片段，使观看纪念活动的师生眼前为之一亮，精神为之一振。学校领导捕捉到了这个德育现象，认真思考，深入分析，认为改革开放以来，文化多元对宣传英雄的方式和方法产生了一定影响，宣传英雄活动的效果大不如以前。可能正是由于对英雄的人生缺少具体、可感的描述，更多地关注英雄壮举的最后时刻，才给了社会不解真相的人恶搞、戏说的机会。具体到学校教育中，英雄形象也没有真正树立起来，而是更多地停留在精神口号的宣传上，缺乏对学生的感染力。由此，让人回想起大力赞颂英雄的火红时代，电影有《董存瑞》，评书、鼓词有《董存瑞》，组歌、快板也参与其中，全方位、多角度地对英雄事迹挖掘、梳理、歌颂，使人们全面、形象、真切地感知了英雄，无疑对学英雄、做英雄传人大有裨益。

这样一思考，再认真回顾一下存瑞中学师生 20 世纪五六十年代进行的学习赞美英雄董存瑞的方式发现，其内容丰富多样，深入人心，产生过良好的教育效果。如果将这些内容汇编起来供师生演唱诵读，就可以让师生形象生动地学习英雄董存瑞，也契合学校正在大力建设的英雄文化，对以英雄名字命名的学校的英雄传统血脉的沿承将会起到巨大的推动作用。

如此，则会使英雄董存瑞“英武的雕像”更有厚度，更加鲜活；会使“擎天壮举”勾画的伟大灵魂更加崇高，也更可继承，英雄会更有感染力和生命力！

郭常森

2016 年 7 月 22 日

战斗英雄董存瑞传

吕小山 张敏杰

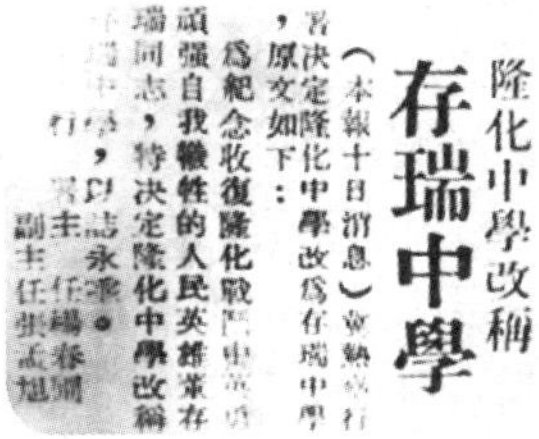
隆化中學改稱
存瑞中學
（本報十日消息）
署決定隆化中學改為存瑞中學，原文如下：
為紀念收復隆化戰鬥中英勇頑強自我犧牲的人民英雄董存瑞同志，特決定隆化中學改稱存瑞中學，以誌永念。
行署主任 楊春甫
副主任 張孟旭

全国著名战斗英雄、模范共产党员董存瑞，是东北人民解放军第十一纵队三十二师九十六团二营六连六班班长。1948 年 5 月 25 日，在解放隆化的战斗中，他以身体当支架，手托炸药包，炸毁了国民党军据守的桥型暗堡，壮烈牺牲，时年 19 岁。

★ 在抗日烽火中成长

董存瑞，原察哈尔省（今河北省）怀来县南山堡村人。父亲董全忠是个纯朴厚道的庄稼人，耕种着村南面的几亩山坡地。董家老小终年累月地苦干，才勉强糊口度日。生有三个女儿的董全忠夫妇盼望着有一个儿子，能继承董家香火。

1929 年 10 月 15 日（农历九月十三日），董存瑞出生了。由于他排行老四，父母就叫他“四蛋子”。董存瑞虽被全家视为宝贝，但由于家境贫寒，不能上学念书，从七岁起就随父亲和姐姐们下地干活。春天间苗、薅草；秋天拾谷穗儿、捡秫秸；入冬后，扛上小扁担跟随父亲上南山砍柴。干活累了，父亲就装上一袋烟，一边抽一边津津有味地讲上一段“刘关张桃园三结义”或是“空城计——诸葛亮吓走司马懿”的故事，要么就是“武松打虎”“大禹治水——三过家门而不入”的故事，董存瑞瞪着大眼睛，托着下巴听得入迷。

董存瑞风里跑、雨里钻，长得敦敦实实。他机灵、顽皮、胆子大。村头有棵大柳树，树下有个水坑，有个小伙伴调皮地问董存瑞：“你敢爬上去再跳下来吗？”董存瑞抬头看了看，一句话没说，往手心里啐两口唾沫，“噌噌噌”地爬了上去。小伙伴们看他真的要跳，吓得直叫：“别跳了！算你赢了还不行吗？”“‘算’不行，不能来假的！”说着，他从几丈高的大树上跳进水坑里。他这股倔强劲儿，小伙伴又怕又服。因此，他成了南山堡的“孩子王”。

1937年“七七事变”后，日本侵略军于8月末占领了沙城（今怀来县城，据南山堡村9公里）。南山堡的地主刘有祥（外号“刘大肚子”）当了汉奸，组织了维持会。日伪军三天两头到村里抓丁派夫，要钱要粮。老百姓更加苦不堪言。这一切都在董存瑞的幼小的心灵里埋下了仇恨的种子。他痛恨日本侵略者，痛恨地主、汉奸。

1940年冬，八路军在平北地区建立了抗日民主政权——龙(关)延（庆）怀（来）联合县政府。南山堡划归龙延怀联合县的第三区。有一次，八路军的一支队伍来到南山堡，庆祝战斗胜利，宣传抗日道理。战士们扭起大秧歌，村里的孩子们躲在大人身后，好奇地看着，可董存瑞却跟在秧歌队后面学着战士们的样子尽情地扭。他一会儿摸摸这个战士的枪，一会儿和那个战士逗两句。从战士嘴里，他知道了八路军是打日本鬼子和汉奸的，是解放穷人的队伍。

1942年春，三区在南山堡办起了一所小学。董存瑞高兴极了，每天和伙伴们去上学。姓杨的老师教他们识字、唱歌，有时还给他们讲故事。可是，地主刘有祥说杨老师“私通八路”，指使爪牙抓走了杨老师。孩子们失学了，董存瑞和小伙伴们恨死了这个汉奸地主。

清明节是祭祖上坟的日子，董存瑞和孩子们把土炸药偷偷埋在刘有祥家坟墓地的供桌下面，拉好引线，等刘有祥一家人走到跟前时，“轰”的一声，供桌被炸掉了一大块，刘有祥一家吓得丢了魂。

1943年春，新任中共三区区委书记王平来到南山堡开展工作。董存瑞很快就和他交上了朋友。王平经常给董存瑞和孩子们讲“狼牙山五壮士”等革命故事，教他们唱《王二小放牛郎》等歌曲，还给他们讲三区第一任区委书记石裕民的英勇事迹。石裕民由于叛徒出卖被捕，敌人对他严刑拷打，他绝不屈服。敌人让他指认村干部，他看着几个自己亲手培养起来的革命同志，一口咬定“不认识”。最后，敌人只好让叛徒出来对质。他大骂叛徒，面对敌人的威胁，他大义凛然：“怕死当不了共产党员！”石裕民壮烈牺牲了。他宁死不屈的光辉形象和“怕

死当不了共产党员”的铮铮话语铭记在了董存瑞的心中。

1943年秋，日本侵略军加紧“扫荡”，斗争更加残酷。一天黄昏，王平来南山堡布置坚壁清野工作，村外突然响起了枪声，日本兵包围了村庄。董存瑞把王平藏在自家院里一堆席卷的后面。面对日本兵搜查，他一点儿也不惊慌，日军没有发现任何破绽，就悻悻地走了。事后，人们都称赞董存瑞是掩护八路军的小英雄，南山堡村的“王二小”。

1943年冬，南山堡成立抗日儿童团，14岁的董存瑞被选为儿童团团长。他挎上大木刀，拿起红缨枪，带领儿童团团员们投入了火热的斗争生活。他们站岗放哨、送鸡毛信、火柴信，为八路军通风报信，配合减租、减息运动。每当八路军打了胜仗，他们就扭着秧歌，打着霸王鞭，欢庆胜利。董存瑞还多次跋山涉水，躲过日伪军的盘查，完成传递紧急情报的任务。为此，他经常受到区、村干部的表扬。

1944年，王家楼、长安岭等据点的日军到南山堡抓丁要夫，去修炮楼、挖战壕。董存瑞和几个小伙伴代替大人去应差。点名时，他们就藏在大人后面，站在石头上答应一声；干活时，他们就溜到山上去摘酸枣、采榛子，或到山沟里睡大觉。董存瑞对伙伴们说：“他们修炮楼、挖战壕，就是要打八路军，我们绝不给他们干！”收工回家时，他推倒了几垛修炮楼用的土坯。村里人都说：“别看董存瑞他人小，对付敌人的点子可不少！”

中秋节后的一天，一个不幸的消息传到南山堡。王平和县里的郭科长在常寨村工作时被敌人包围，经殊死搏斗，最后子弹打光了，他们烧了文件，砸了枪，在敌人扑过来的时候，王平同志举起了手榴弹，拉开导火索与敌人同归于尽。又一个难忘的英雄形象铭刻在了董存瑞幼小的心灵上。他下决心要像王平那样，做一个为革命勇于献身的人。他工作更积极、更主动了。新任三区区委书记王福堂特别喜欢董存瑞，经常给他讲红军长征的故事。董存瑞长大了，在他心里萌生了参加“真正战斗”的愿望。他找到王福堂书记，要求去当兵。但因为年龄小，只能参加村里的民兵基干队。

民兵们在公路上挖沟、把铁轨翻个个儿、锯电杆、割电话线、打埋伏、配合大部队拔据点。董存瑞在民兵队伍里，好像鱼儿得了水，搞敌人的电话线，每次都是他先爬上电杆，敲碎瓷瓶，割了电线，战友们再把电线卷起来。他还建议，锯倒电线杆后，再在附近埋上地雷。这样，不但切断了敌人的通信联络，还能炸死查线的敌人。民兵们都喜欢这个机灵、活泼、肚里有道道的小战友。

1945 年春天，在抗日战争大反攻的岁月里，经董存瑞再三要求，他终于被批准参加了区小队。8 月初的一个深夜，董存瑞瞒着疼爱他的父母，悄悄去杨家山，实现了他参军的愿望。

★ 在革命熔炉里锤炼

抗日战争胜利后，董存瑞所在的三区区小队被编入龙延怀县大队。县大队首先解放了沙城。9 月，又打下了龙关，然后被编入冀热察军区第九旅。董存瑞成为二十四团二营六连一名正式的八路军战士。部队奉命离开家乡东进，个别战士思想动摇了，董存瑞的一个同乡开了小差，董存瑞和排长到南山堡去找他。村里的小伙伴们听说董存瑞回来了，都纷纷跑来看望他。排长让董存瑞回家看看。来到家门口，他猛地推开门，蹦到了妈妈跟前。妈妈突然见到了朝思暮想的儿子，眼泪顿时流了下来。她赶忙抱出个大西瓜，还没等切开，排长就在外面喊董存瑞了。董存瑞急忙起身：“妈妈，我该走了！”妈妈的眼泪又流了下来，说：“吃了西瓜，再走吧！”董存瑞鼻子也酸了，可是他想起指导员的话：“部队离开家乡，是为了使更多的穷苦百姓过上好日子。”他看了妈妈一眼，猛一回头就跑了。

10 月，董存瑞所在的部队参加了解放赤城的战斗，赤城是察哈尔省（今河北省）的一座古城，是西北连接东北的交通要道，也是最后一个“白点”。盘踞在赤城的伪军有 150 多人，凭借构筑坚固的城防工事固守。10 月 10 日清晨，战斗打响，主攻部队用挖地道的办法，把古城墙炸开了缺口，冲进城内。董存瑞所在的六连在城东警戒。天傍黑时，伪军从东城墙上顺绳子溜下，企图逃跑，董存瑞勇敢地追上去，和战友们一起缴获了 3 挺歪把子机枪。

解放赤城后，部队直插热河西部地区。当部队走到丰宁县大阁和龙门所之间的堂子沟时，与还没有缴械的日伪军一个骑兵团相遇。交

火后，敌人搞不清情况，仓皇逃跑。董存瑞和战友们穷追猛打，缴获了1挺机枪、1支手枪和3匹马。当晚部队宿营，发现前面有敌人，首长派六班去侦察，董存瑞悄悄摸到敌人堆里，出其不意地用手榴弹把正在睡觉的敌人消灭了。

部队继续向关外进军。一路上，映入战士眼帘的是一片片废墟。原来日伪时期大搞“集家并村”，实行“三光”政策，把无辜的百姓赶入“人圈”，几十里地听不到鸡鸣狗吠。“人圈”里的惨景更是目不忍睹。人们缺衣少食，老人孩子骨瘦如柴。董存瑞和战友们立即脱下自己的夹裤夹袄，倒出米袋里的粮食送给穷苦百姓，他们还帮助百姓挑水、扫院子，很快就和老乡亲如一家。董存瑞在班务会上激动地说：“看到关外老乡生活这么苦，蒋介石还要打内战，我真恨不得拿出全身的劲儿来消灭他们！”

1946年年初，《停战协定》签订后，部队转移到怀柔一带整训。董存瑞站岗时发现国民党军运送军火的列车不断通过，就用小木棍一一记下数字。回到班里，他把这些木棍倒出来，对战友们说：“既然停战了，他们为什么还调兵运军火呢？”不久，部队把毛泽东《抗日战争胜利后的时局和我们的方针》《关于重庆谈判》等文章编成政治课本，印发到连队。同时，部队开展了群众性练兵运动。董存瑞说：“狼已经闯进咱们解放区了，咱们要打狼，就得有真本领，真本领哪里来？全靠实地练！”董存瑞个子不高，是个左撇子，但他苦练射击、刺杀、投弹和突击四大技术。手榴弹投不远，他每天天不亮就起来练，中午吃完饭不休息也练，稍有时间就去扔几下，胳膊肿了，咬咬牙继续练，终于成为投弹能手，并作为连队三名代表之一，参加全团比武，取得了全团投弹第一名的好成绩。

在人民军队的大熔炉里，不仅有枪林弹雨的考验，还有革命传统的熏陶，领导和战友们的帮助教育。董存瑞在不断克服自身缺点中成长起来。原先，连队每次开饭，董存瑞都抢着为班里打饭，他眼睛盯着盆，嚷嚷着给他多打一勺菜。为这事，炊事班的同志很伤脑筋。指导员知道后，想了个主意。这天开饭时，董存瑞照例拉着为班里多争点菜的架势来到炊事班。他一进来，炊事班班长就对他说：“今天晚上吃炖肉，正好你来帮着分菜，我打饭。”董存瑞接过勺子，三下五除二，一大锅肉分完了，可还有两个盆空着。这下，他可急了，从这个盆里舀一勺，从那个盆里舀两勺，怎么也分不匀。只见他的脸涨得通红，最后端起一盆最少的走了。炊事班班长笑了，帮他把菜重新分匀。饭后，指导员给他讲了很多道理，告诉他做一个真正的战士要处处想到大家，想到全局，只想自己班是不够的。董存瑞不好意思地低下了头。

在部队整训期间，国民党军不断向解放区进逼。1946 年 4 月初，在衙门村的国民党军突然于深夜包围了二十四团三营驻地，二营长带六连急行军 20 公里前去支援。此时，董存瑞已提升为副班长。他一边给大家鼓劲，一边抢着为战友们扛枪。他肩扛两支枪跑在最前面，全班都紧跟了上来，不到两个小时就赶到指定位置，迅速消灭了敌人。中旬，国民党军在部队驻地桥梓村的东山修筑碉堡，并发动突然袭击。六连奉命增援。桥梓村中间有条小河，六连与敌人接火，隔着河扔手榴弹，投弹投不远的战士把手榴弹都投到河里了。董存瑞又气又急。他奋不顾身，从小道爬到河边，一顿手榴弹，把敌人的火力压了下去，部队趁势发起冲锋，将敌人击退。

战斗结束后，六连在桥梓村休息。离他们不远处有一个小孩，用手指勾着一颗拧开盖的手榴弹跑过来，一个趔趄摔倒了，手榴弹“嗞嗞”冒烟。董存瑞扔下饭碗，一个箭步冲上去，抓起即将爆炸的手榴弹甩了出去，回头用身体护住了小孩。

夏天，国民党还乡团赶着大车到村子里抢粮食。交火后，由于房屋阻隔，双方相持不下，董存瑞爬到房上，把四五十个手榴弹飞快投入敌人占据的院子里，炸得敌人死的死，伤的伤，活着的几个狼狈逃窜。

★ 转战冀热察立大功

1946 年 6 月，蒋介石撕毁《停战协定》，发动全面内战。9 月 29 日，国民党以一个军的兵力，进攻延庆，并企图攻占张家口。董存瑞所在部队 10 月 3 日赶到延庆，阻击东线由八达岭进犯的敌人。国民党军以 10 门大炮向我军阵地发射了千余发炮弹，接着又发动 8 架轰炸机，轮番轰炸扫射。阵地上硝烟弥漫，尘土蔽日。这是董存瑞入伍后参加的第一次大仗。他们凭着“寸土必争”的坚定信念据守着阵地，顽强苦战。轰炸停止后，敌人几十辆坦克掩护步兵发起进攻。战前修筑的工事已被敌人炸平，仅存一条小沟，董存瑞跪在沟里，一手拿两三个手榴弹同时甩。他还和战友们用装上汽油的瓶子、雷管炸敌人的坦克。战斗进入第 10 天，国民党军在猛烈炮火的掩护下，冲进了五连阵地。董存瑞和另外两个班的战士冲杀过去。董存瑞用刺刀把冲在前面的大个子敌人刺死在阵地前，余敌震骇后撤。战斗进行到第 15 天，国民党军再次组织更疯狂的进攻，战士们从上午持续到黄昏，班长中弹晕倒，敌人已冲到跟前，董存瑞大喊一声：“同志们，听我指挥！”说罢，他端起刺刀，跳出战壕，如同猛虎下山，杀向敌人。战友们也端着刺刀呐喊着冲入敌群。敌人战栗了，仓皇后退。天黑了，上级下达了转移的命令。董存瑞从敌人尸体上捡来一大堆手榴弹，隔几分钟扔出几个迷惑敌人，待同志们撤出阵地，他才离去。

经过 15 个昼夜的鏖战，战友们拖住了敌人，赢得了时间，掩护了地方政府和一些战略物资的转移，胜利完成了阻击任务。部队受到了肖克司令员的通令嘉奖。董存瑞主动出击，作战勇敢，受到了团首长的表扬。

部队撤出延庆后，转战在龙关、赤城一带。

这年冬天，部队生活极其艰苦，有时一天要打几次仗，转移次数多、战斗频繁，给养又无保障。有时不能烧火做饭，董存瑞带头嚼吃生小米。行军累了，他就出个洋相，讲个笑话，逗得大家哈哈大笑。他活跃在同志们中间，和同志们共同度过这艰苦的寒冬。

1947 年 3 月，部队驻在沙峪、渤海所一带整训。根据董存瑞参军后的表现，经指导员郭成华、二排长郭元方介绍，支部大会一致通过，董存瑞成为中国共产党员（3 个月候补期）。董存瑞向党宣誓：“我把这辈子交给党，要为共产主义奋斗终生！”

4 月，上级决定攻打察北重镇独石口。部队连夜急行军 120 多公里赶到独石口，包围了敌人。六连的任务是攻占独石口的西南山，控制制高点。西南山的碉堡已被拆除，从地面上看只有一堆乱石瓦砾。连长命令副排长带领董存瑞等四人上去搜索。他们发现碎石下是一个坑，狡猾的敌人藏在坑里，企图待机突袭。董存瑞和另一个战士猛跳下去，将敌俘虏。据俘虏供认，还有一个排在山上的防空洞里睡觉。他们立即和连长联系，连长率领部队迅速冲上去，俘虏了正在睡梦中的敌人，占领了西南山。在向镇内发起冲锋的时候，董存瑞冲在最前头，他打死、打伤5个敌人，缴获枪1支，子弹500发，战马1匹。

独石口战斗后，部队回师东指。6月，在隆化县旧屯村围歼国民党军骑兵团。战斗中，董存瑞利用地形地物，躲进火力死角，猛地一跃，用双手紧紧抓住了敌人那打得滚烫的机枪筒，脚往墙上一蹬，猛劲一拉，把那挺机枪夺了过来，然后调转枪口向敌人猛烈扫射。战友们从四面八方拥来，经过两个小时的激战，敌骑兵团全部被歼。

董存瑞在独石口和旧屯战斗中表现勇敢、顽强，经民主评议，上级批准，荣立大功一次，小功两次。

7月，部队返回丰宁县大阁镇休整，旅里召开首次庆功大会，旅首长把一朵红艳艳的光荣花和两枚金光闪闪的勇敢奖章戴在董存瑞的胸前。

9月，部队向丰宁县山神庙出击，在吕合堡、后所屯再次同国民党军交锋。六连在后所屯与敌人遭遇。敌人凭借有利地形，连续四次发起冲锋，每次都被董存瑞和战友们打了回去。战斗中，董存瑞的腿受了伤，他用裹腿包扎上，继续战斗。战友们劝他下去，他说："这点伤算什么！轻伤不下火线。"战后，董存瑞再次荣立大功。

随着革命形势的发展，人民解放军转入全面大反攻。部队所到之处，翻身农民踊跃参军。10月，新兵郅顺义被分配到董存瑞所在的班。董存瑞热情接待了新战友。他看到郅顺义的衣服破旧，两只鞋都"咧着嘴"，就打开自己的行李包，掏出一套半新的军装和一双新鞋塞给了郅顺义。郅顺义看董存瑞还穿着旧衣服，心里涌起一股暖流。论年纪，董存瑞比许多新兵还小几岁，可论军龄，他却算个"老兵"了。他关心新战友，给他们讲八路军的传统，教他们军事技术，行军时还帮他们扛枪、背背包；宿营时替他们打洗脚水，挑血泡。油灯下，他飞针走线，为新战友缝补衣服、鞋袜。寒冷的深夜里，他替战友站岗、盖被，同志们都一致称赞他是"我们的好班长"！

董存瑞虽然只有18岁，但他时时处处都想到自己是个"老兵"，是一名共产党员，始终严格要求自己，模范地执行纪律。

在四海一带，部队开展“两忆三查”的新式整军运动。为了搞好诉苦，董存瑞带领战士到群众中访贫问苦，和战士们谈心，把运动搞得生动、具体、深入。当部队途经丰宁县上黄旗小河村时，董存瑞向指导员提出建议，陪同郅顺义一起探家。第二天，他俩回到部队，把郅顺义家乡农民翻身分到土地、房屋、牲口和浮财的一桩桩喜事讲给大家听，给战士们带来了土改后翻身农民的喜悦。不久董存瑞担任了六班班长。

1948 年 1 月，国民党军从永宁向四海一带进犯。我军从大胜岭以东到黑汉岭以西一线摆好阵势，诱敌深入。董存瑞所在六连的阵地在大胜岭南的青云顶。战斗打响后，敌人用高价收买士兵，组织“敢死队”，向制高点青云顶反复冲锋。六连在敌人的五次冲锋中，浴血奋战，子弹、手榴弹都打光了，敌人又发动了第六次冲锋，妄图控制制高点突围。董存瑞见身边全是大石头，急中生智，搬起石头向下砸去，并大声喊道：“同志们，放石炮呀！”一句话提醒了大家，战士们纷纷搬起石头，朝敌人猛砸过去。满坡飞石把敌人砸得鬼哭狼嚎，滚下山去。战士们冲入敌群与敌人展开肉搏战，到夜间，把敌人压制在南湾子沟。反攻战斗打响后，董存瑞一马当先，冲到敌人面前，大喝一声：“缴枪不杀！”劈手夺过敌人的机枪，十几个敌人举起双手，当了俘虏。战后，上级又给董存瑞记了一大功。

2 月，部队东进朝阳，升编为东北人民解放军第十一纵队。纵队在朝阳进行了 50 天的军政大练兵。董存瑞带领全班战士，不分昼夜，苦练杀敌本领。为了练出过硬本领，他想出了很多招数。夜间练兵找不到目标，他就让一个战士拿破铁桶，一会儿在这儿敲几下，一会儿又到那儿敲几下，董存瑞带领全班战士，循着枪声追歼“敌人”。为了打好攻坚战，董存瑞还搞了沙盘模型，他把全班战士召集来，指划着说：“这是敌人的碉堡，有母堡、子堡，这是外壕，这是铁丝网……我们的主力在这儿，咱连在这儿，咱们班在这儿。现在上级要我们炸掉这些障碍物，消灭这里的敌人，大家看怎么办？采取什么战术，走哪条路，能以最快的速度完成任务？”大家争先恐后地发言，集思广益，出谋划策，搞出了一个完整的攻坚方案。同志们给这个模型起了个名字，叫“院中堡垒”。

师首长知道后，还组织参观学习，加以推广，有力地推动了部队的大练兵运动。4月，练兵总结时，部队搞实战演习，董存瑞带领3名战士，代表全营参加了演习。董存瑞战斗组炸“碉堡”动作敏捷、智勇取胜。团部授予他“爆破能手”的光荣称号，六班被誉为“董存瑞练兵模范班”。

★ 舍身炸碉堡献青春

东北人民解放军冬季攻势结束后，国民党军队退守在几个孤立的据点内，进行顽抗。为配合即将开始的辽沈战役和华北战场杨罗耿兵团东进，董存瑞所在的十一纵队奉命以迅速果敢的行动，消灭国民党十三军，解放全热河，以割断华北和东北敌军的联系。5月初，部队从朝阳出发，去攻打热河省省会承德的北大门——隆化。

沿途，各村庄被国民党十三军和土匪还乡团烧杀抢掠，糟蹋得不像样子。董存瑞怒火中烧。他带着尖刀班快步如飞，在山谷中急行，恨不得一步跨到隆化，把敌人打个稀巴烂。

在房身沟村，国民党军发现解放军开来，慌忙放火点着村里的房屋逃跑了。熊熊烈火笼罩着整个村庄，一间又一间的房屋在烈火中倒塌。董存瑞和战士们立即帮助群众救火，帮助一位老大娘从烈火中救出了她的女儿，老大娘感激地上前扑打他身上的火苗，询问他的姓名。董存瑞把孩子递给她，自己就地一滚，跑了。老大娘看着远去的救命恩人身上还冒着烟，两行热泪扑簌簌地流了下来。

救火后，部队驻在头沟村，在村头召开军民诉苦大会。营里请当地两位老大娘控诉国民党军杀害他们亲人的残暴罪行。台上台下一片哭声。董存瑞嘴唇咬得发白，手指攥得嘎巴响。他站起身来，领头高呼：“为老大娘报仇！”“打倒蒋介石，解放全中国！”会后，董存瑞向连长请示：“打隆化，我要送第一包炸药！”

18日，部队开到距隆化县城5里地的小山村——土窑子沟。紧张的战前准备工作立即开始：从驻地向敌人前沿挖交通壕。董存瑞鼓励大家：“咱们加油干呀，早挖成一天，隆化就早解放一天。”在他的

带动下，战士们提前一天完成了任务，然后又去支援兄弟班。第五天就全部完成了任务。接着，他们又捆炸药包，钉梯子，做火药支架。董存瑞还在自己捆好的炸药包上写下了几行誓言：

仇恨满胸怀，
隆化要打开，
推倒三座山，
新中国要用我们双手建起来。

24 日清晨，几位首长来驻地检查战前准备工作。董存瑞知道，这回可要干了！一上午，他几次去连部请战，要求当“爆破元帅”。上午 11 点，全营召开“挂帅点将”战前动员大会，董存瑞第一个站起来，要求首长批准他挂帅。同志们都深知他机智勇敢，多次立功受奖，又是爆破能手，谁也不和他争，一致表示同意。董存瑞当上了“爆破元帅”，他点了郅顺义为“突击大将”，机枪班班长为火力掩护组组长，一班长为支援组长。然后，董存瑞代表大家表示决心，他激动地说：“我们练兵诉苦为什么？去年打隆化我们一些同志牺牲了又是为什么？这回党把最光荣的任务交给了我们，没二话，天塌了也得完成！坚决响应党的‘五一’号召，打倒蒋介石，解放全中国！在这次战斗中，我负伤不下火线，牺牲了当个掩体，死也要把隆化拿下来！”

隆化是承德的屏障，国民党军在这里驻有一个团的兵力，周围筑有 40 多个永久性碉堡，由母堡、子堡组成碉堡群。在碉堡群周围，还设有很多副防御工事，什么鹿砦、铁丝网、陷阱、梅花桩、外壕等，各碉堡群之间都有火力联系，构成了交叉火网。这些工事与隆化城依托的苔山、龙头山的有利地形结合起来，就形成了相当坚固的防御体系。因此，国民党认为隆化“固若金汤”。尤其是去年 5 月，解放军曾连攻十昼夜未克，敌人就更加嚣张。当解放军包围隆化之后，国民党军十三军军长石觉还在承德吹嘘：“共军能打下隆化，我就把承德白送给他们。”

鉴于隆化地势险要，工事坚固，部队首长作了周密的部署。隆化城背靠苔山，左边是隆化中学，苔山的火力可以控制整个隆化城。隆化中学又是敌人防守隆化的核心工事。要拿下隆化，必须先拔掉这两个钉子。进攻部署是：三十一师和军区炮兵旅主攻苔山；三十三师从城东南突破敌人碉堡群攻城；董存瑞所在的三十二师在城东北面向隆化中学佯攻，待机突破，以保证主攻部队的侧翼安全。

激战前夜，董存瑞和战友们激动得睡不着觉。他们一会儿回忆起过去的战斗生活，一会儿又谈起全国胜利后的理想。大家望着夜空，数星星，盼月亮，早早地就起来了。

1948 年 5 月 25 日凌晨 4 时 20 分，3 颗信号弹升上天空，接着便是震耳欲聋的炮声。这时六连正在吃早饭，董存瑞和战友们蹲在地上，边吃边看着被解放军炮火轰击的苔山。苔山主峰上的砖塔，在头一炮的硝烟中就搬家了，接着，敌人修筑的碉堡接二连三地不见了。不一会儿，胜利的红旗就插上了苔山顶峰。董存瑞高兴得直掐大腿，嘴里不住地喝彩："嘿，真带劲儿，打得痛快！"他们没有心思吃饭，个个摩拳擦掌，等待着战斗命令。5 时 25 分，命令下达，董存瑞所在的六连担任主攻，从城东北向隆化中学外围工事运动。敌人的机枪严密封锁着他们前进的道路。六连火力组、突击组、爆破组、支援组互相配合，很快攻占了旧衙门碉堡群。董存瑞带领爆破组连续爆破了敌人 4 个炮楼、5 个碉堡，胜利地完成了扫清隆化中学外围工事的任务。

下午 3 点 30 分，第二次总攻开始。六连向隆化中学发起冲锋。突然，敌人一阵机枪像暴雨般横扫过来，把战士们压在一条土坡下面，抬不起头来。原来，这是隆化中学东北角横跨旱河的一座桥上喷出来的六条火舌。狡猾的敌人，在桥上修了一个伪装得十分巧妙的暗堡，拦住了我军冲锋的道路。这时，董存瑞和战友们纷纷向连长请战，要求把这座桥型暗堡炸掉。白副连长派出李振德等 3 名爆破手去爆破，李振德冲出不远，炸药包就被敌人的枪弹打中，李振德牺牲了，其余 2 名爆破手也负了重伤。董存瑞看到战友的伤亡，再次挺身请战。白副连长说："你已经几次完成了爆破任务了……"不容副连长说完，董存瑞抢着说："我是共产党员，我的任务不只是炸几个碉堡。现在隆化还没有解放，怎么能算完成任务呢？"这时，团部来了紧急命令，要六连火速从中学东北角插进去，配合已突进中学院内的兄弟部队，迅速解决战斗。白副连长和郭指导员商量了一下，对董存瑞说："好，你去吧，千万要注意隐蔽。"董存瑞紧攥拳头说："放心吧，不完成任务就不回来！"说着他从衣兜里掏出一个小纸包，递给指导员说："如果我牺牲了，这就是我最后的一次党费。”指导员接过小纸包，紧紧地握住董存瑞的手，动情地说：“你一定要回来，我们都等着你胜利归来！”

董存瑞夹起炸药包，弯着腰冲了出去。在郅顺义的火力掩护下，他一会儿匍匐前进，一会儿又借着郅顺义扔出去的手榴弹的烟雾，站起来一阵猛跑。桥型暗堡里，敌人的机枪越打越紧，子弹带着尖利的呼啸声，从他的耳边掠过。在快要冲进开阔地时，董存瑞指着前面的一个小土堆，对郅顺义说：“你就在这儿掩护！”一阵手榴弹把敌人碉堡前的鹿砦、铁丝网炸了个稀巴烂。董存瑞趁这个机会，冲进了开阔地，敌人的机枪更疯狂地朝这边射击，子弹打得他身边的尘土直冒烟。董存瑞沉着机智，他忽左忽右地爬着。敌人的机枪打紧了，他就伏下不动。敌人的机枪稍一停，他就飞也似的向前跃进几米。敌人的机枪又慌忙朝他打过来，突然，董存瑞倒了，郅顺义站起刚要向前冲去，只见他猛然爬起来，一阵快跑跳进旱河沟里，进入了敌人的火力死角。董存瑞的腿受了伤，鲜血直流。他抱着炸药包迅速猛冲到桥下。这桥离地面有一人多高，两旁是砖石砌的，没沟、没棱，根本没有安放炸药包的地方。如果把炸药包放在河床上，又炸不着暗堡，河床上又找不到任何东西可以代替火药支架。怎么办？郅顺义清清楚楚地看着这一切，急得直攥拳头。这时，身后突然响起了嘹亮的冲锋号声，部队像潮水般向隆化中学拥来。敌人还在垂死挣扎，暗堡上的砖头一块块被捅开了，十几个暗枪眼一齐喷出火光，子弹像暴雨般射向冲上来的队伍。董存瑞看了看桥顶，又看了一眼冲上来却纷纷倒下的战友，他焦急万分，为了消灭敌人，就是粉身碎骨，也要把敌人的碉堡炸掉！他用左手托起炸药包，紧紧贴住桥底，从容镇定地用右手拉开导火索。导火索“嗞嗞”地冒着白烟，急速地烧向炸药包。董存瑞泰然自若，坚定地站在那里纹丝不动，像一尊雕塑。

郅顺义看到这情景，惊呆了。他不顾一切地跳下旱河沟，往桥下的战友奔去。董存瑞看见了，大声对郅顺义喊：“卧倒！卧倒！快趴下！”随着天崩地裂般一声巨响，桥型暗堡被炸得粉碎。大批后续部队踏着英雄的血迹冲进隆化中学，全歼了守敌。红旗插上了隆化城，隆化解放了！董存瑞用鲜血和生命为部队开辟了胜利前进的道路。

董存瑞牺牲后，东北人民解放军第十一纵队党委发出了悼念董存瑞的决定，追认董存瑞为纵队战斗英雄、模范共产党员；命名董存瑞生前所在班为“董存瑞班”。7 月 10 日，冀热察行署决定：“为纪念收复隆化战斗中英勇顽强自我牺牲的人民英雄董存瑞同志，特决定‘隆化中学’改称‘存瑞中学’，以志永垂。”

1950 年 9 月，全国战斗英雄、劳动模范代表会议决定，追认董存瑞为全国战斗英雄。

董存瑞组歌《人民英雄董存瑞》

曲 魏惠生 词 集体创作

（一）序曲

朗诵词：成千成万的先烈，为着人民的利益，在我们前头英勇地牺牲了。人民英雄董存瑞，就是这千百万先烈中的一个。他为了隆化的解放，为了新中国的建立，以大无畏的英雄气概，舍身炸毁敌人碉堡，谱写了中国人民解放军事业中的壮烈篇章！

让我们永远铭记烈士们的功勋，高举起他们的旗帜前进吧！

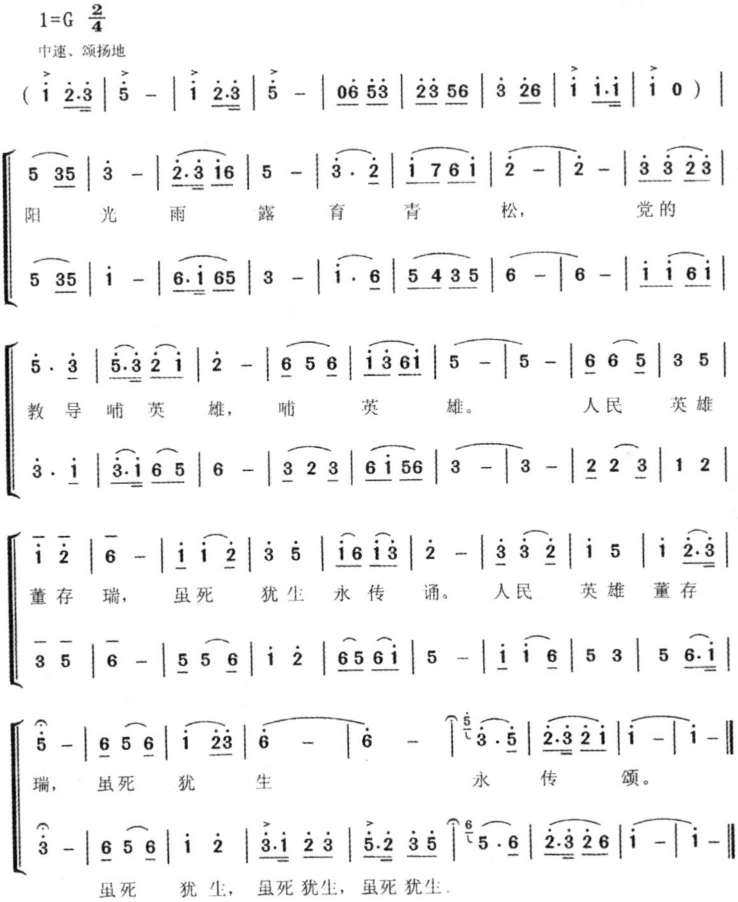

（二）南山堡人民盼解放

朗诵词：人说黄连苦啊，旧社会南山堡人民的生活比黄连还要苦万分。幼年的董存瑞，和南山堡人民一道备受着生活的煎熬。他们盼啊，盼啊，只盼翻身得解放！

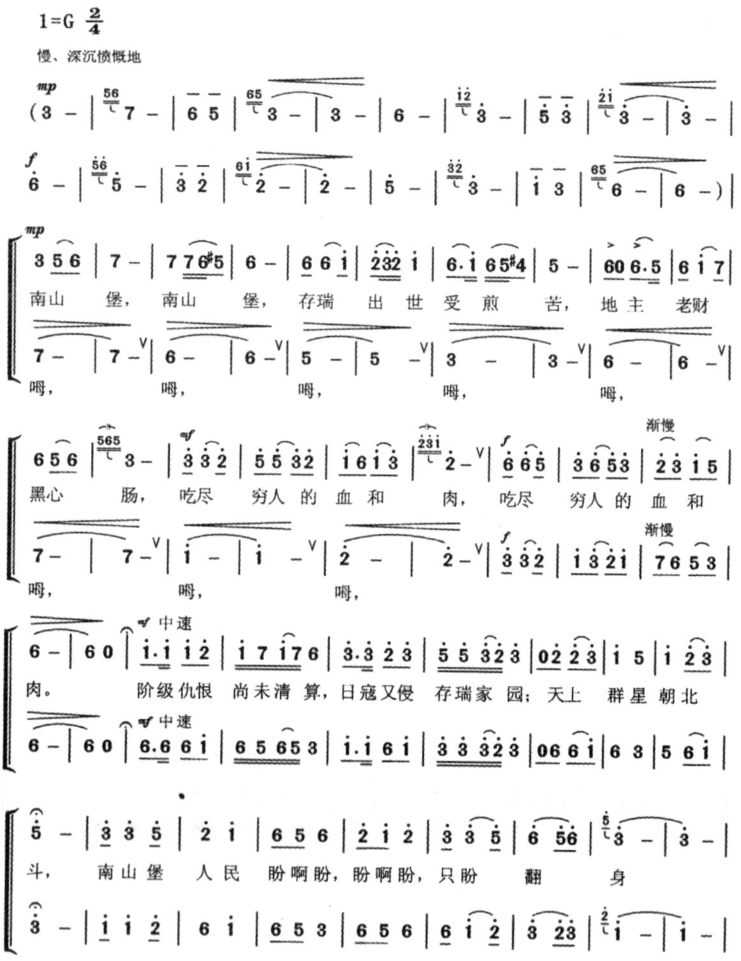

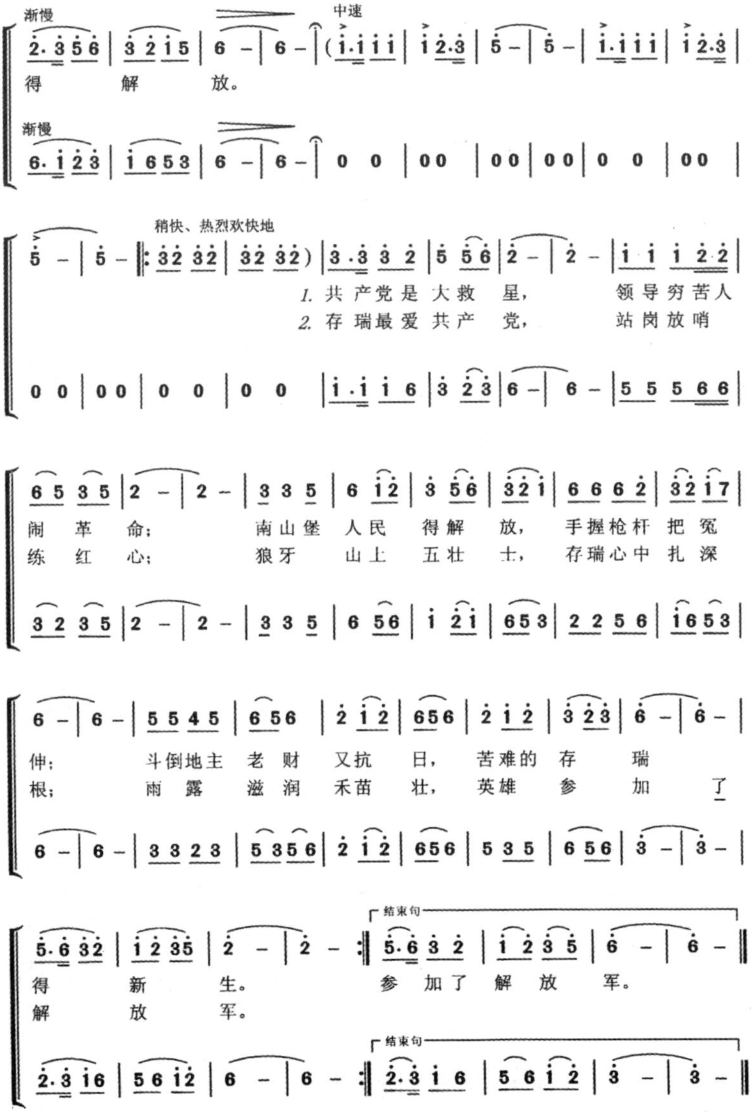
渐慢
中速
得 解 放。
渐慢
稍快、热烈欢快地
1. 共产党是大救星，领导穷苦人
2. 存瑞最爱共产党，站岗放哨
闹革命；南山堡人民得解放，手握枪杆把冤
练红心；狼牙山上五壮士，存瑞心中扎深
伸；斗倒地主老财又抗日，苦难的存瑞
根；雨露滋润禾苗壮，英雄参加了
结束句
得新生。参加了解放军。
解放军。
结束句

（三）爱人民爱在心坎上

朗诵词：董存瑞同志参加中国人民解放军后，开始了新的战斗历程。在解放军这所大学校里，在党的培养教育下，董存瑞同志迅速成长着。他立场坚定，爱憎分明，身经百战，屡建战功；他曾在枪林弹雨中英勇杀敌，他曾闯入火海抢救儿童，真正做到了“爱人民爱在心坎上，恨敌人恨在骨子里”。

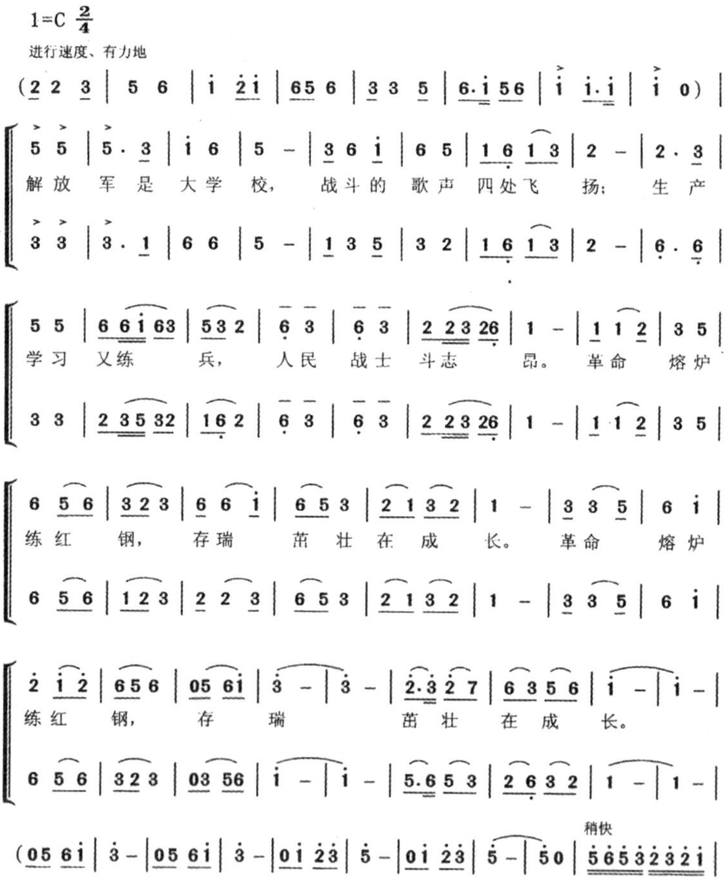

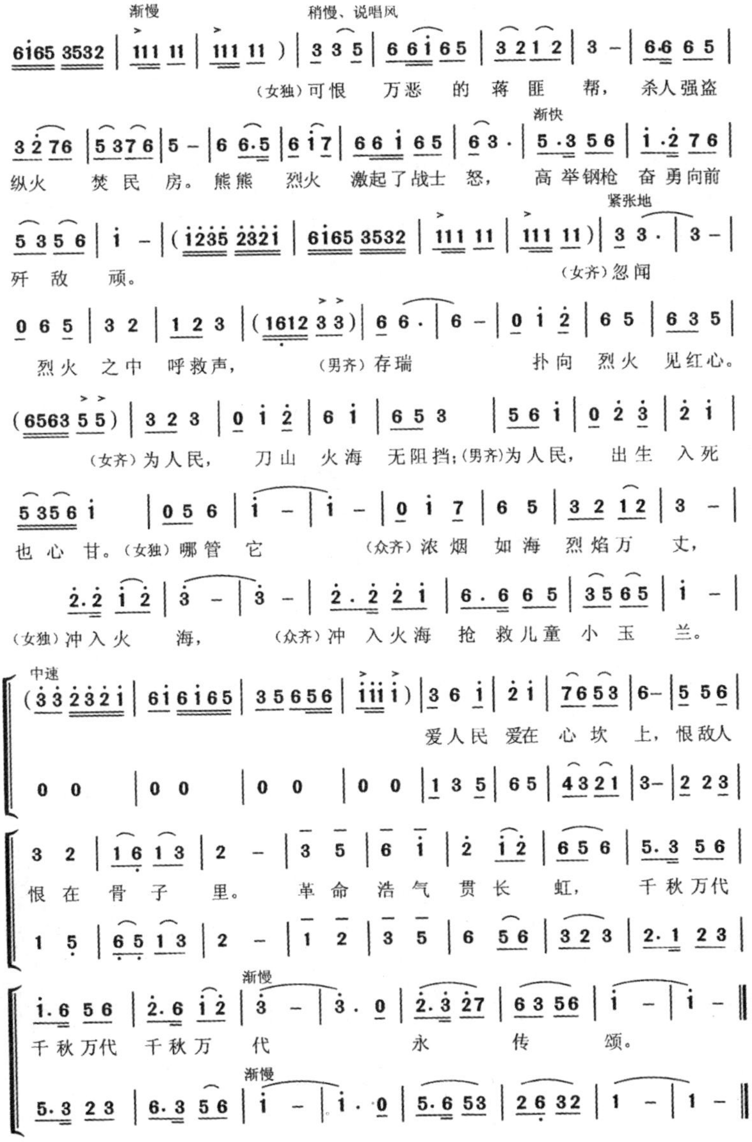
渐慢
稍慢、说唱风
（女独）可恨 万恶 的 蒋 匪 帮，杀人强盗
渐快
纵火 焚 民 房。熊熊 烈火 激起了战士 怒，高 举钢枪 奋 勇向前
紧张地
歼 敌 顽。
（女齐）忽闻
烈火 之中 呼救声，（男齐）存瑞 扑向 烈火 见红心。
（女齐）为人民，刀山 火海 无阻挡；（男齐）为人民，出生 入死
也 心 甘。（女独）哪管 它 （众齐）浓 烟 如海 烈焰万 丈，
（女独）冲入火 海，（众齐）冲 入火海 抢 救儿童 小 玉 兰。
中速
爱人民 爱在 心 坎 上，恨敌人
恨 在 骨 子 里。革 命 浩 气 贯 长 虹，千秋万代
渐慢
千秋万代 千秋万 代 永 传 颂。
渐慢

（四）为了新中国，前进！

朗诵词：1948年5月，解放隆化的战斗已经打响，我军以泰山压顶之势，迅速完成了对敌人的包围。5月25日下午3时，总攻就要开始，苦难的隆化人民即将获得解放。突然，从隆化中学墙外一条干河沟上的极为隐蔽的桥型暗堡中，敌人的机枪吐出了疯狂的火舌，阻碍着我军前进的道路。

为了新中国，为了隆化人民的解放，董存瑞同志奋不顾身地跃出工事，向敌人的桥型暗堡冲去……

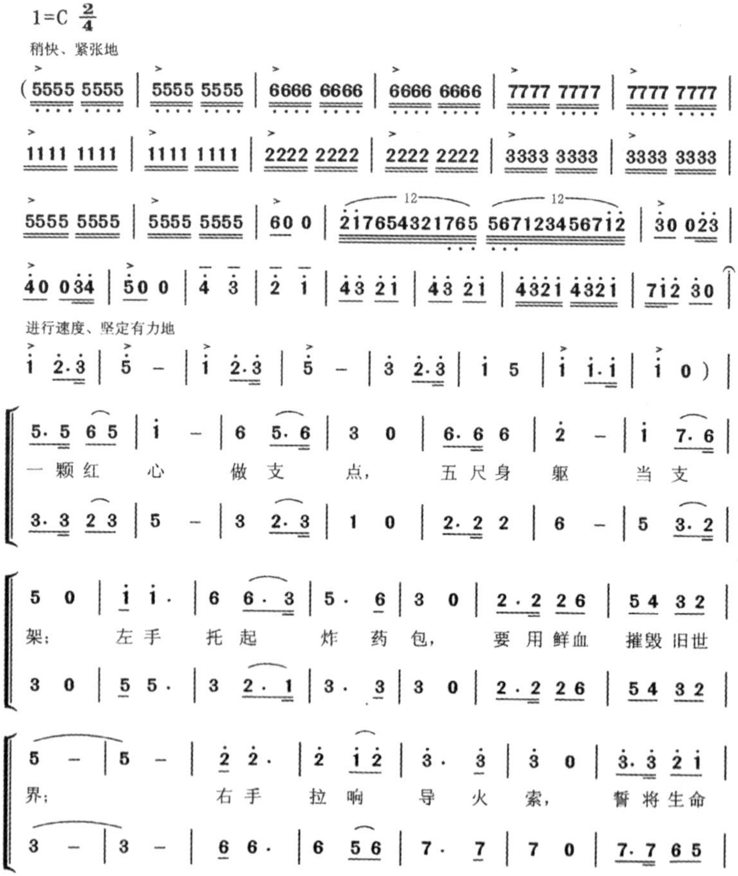

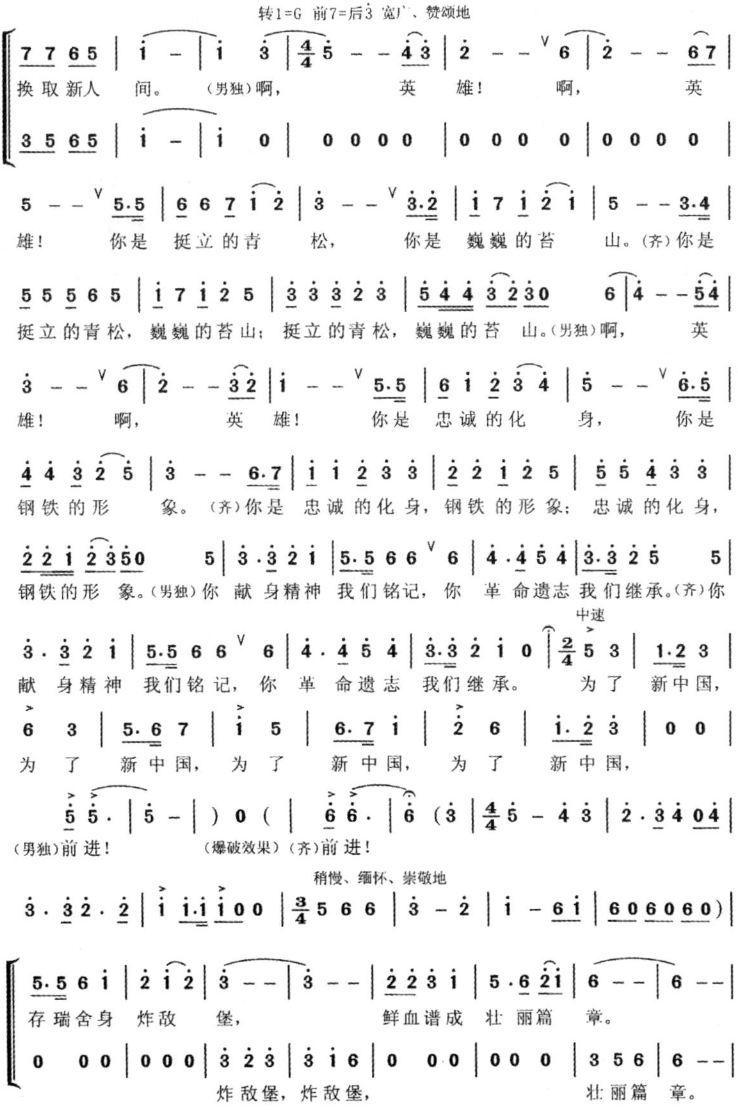
转1=G 前7=后3 宽广、赞颂地
换取新人间。（男独）啊，英雄！啊，英
雄！你是挺立的青松，你是巍巍的苍山。（齐）你是
挺立的青松，巍巍的苍山；挺立的青松，巍巍的苍山。（男独）啊，英
雄！啊，英雄！你是忠诚的化身，你是
钢铁的形象。（齐）你是忠诚的化身，钢铁的形象；忠诚的化身，
钢铁的形象。（男独）你献身精神我们铭记，你革命遗志我们继承。（齐）你
中速
献身精神我们铭记，你革命遗志我们继承。为了新中国，
为了新中国，为了新中国，为了新中国，
（男独）前进！（爆破效果）（齐）前进！
稍慢、缅怀、崇敬地
存瑞舍身炸敌堡，鲜血谱成壮丽篇章。
炸敌堡，炸敌堡，壮丽篇章。

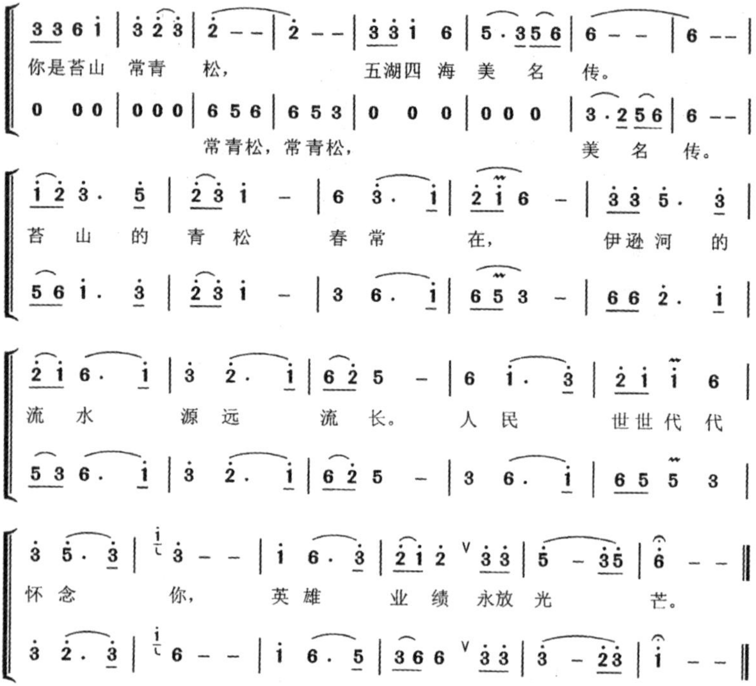

你是苔山 常青 松， 五湖四 海 美 名 传。
常青松，常青松， 美 名 传。
苔 山 的 青 松 春 常 在， 伊逊河 的
流 水 源 远 流 长。 人 民 世世代 代
怀 念 你， 英 雄 业 绩 永放 光 芒。

（五）学习董存瑞

朗诵词：一个英雄牺牲了，千万个英雄在成长。

我们要以董存瑞同志为榜样，热爱祖国、热爱人民、热爱共产党，在实现社会主义四个现代化的征途中，继承烈士遗志，紧跟党中央，把祖国建设得更加繁荣富强！

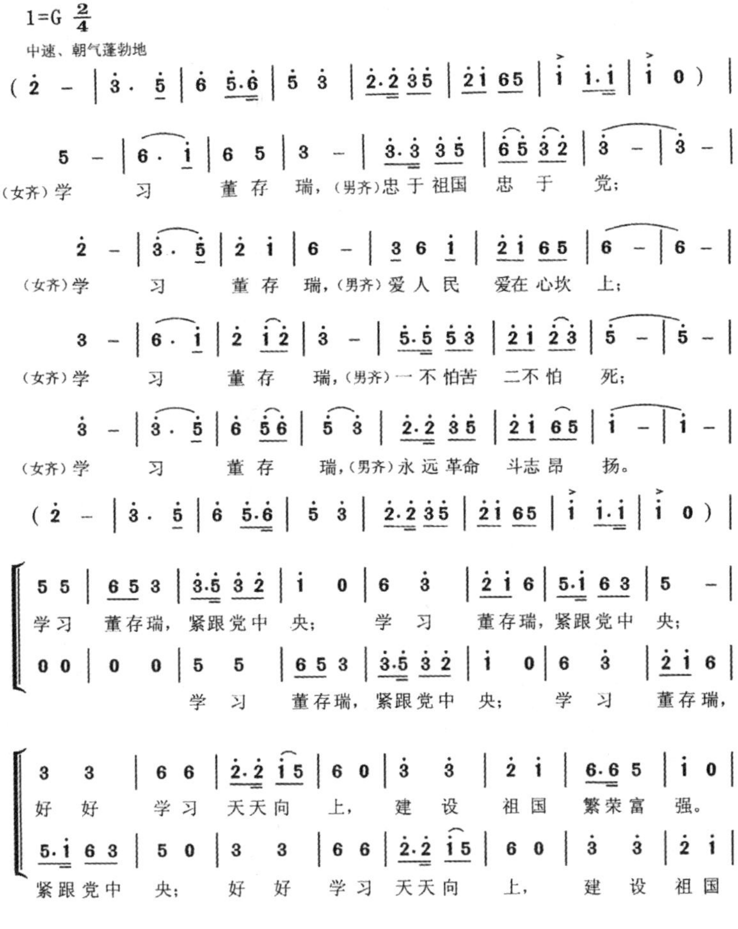

好 好 学习 天天向 上， 建设 祖 国
繁荣富 强。 好 好 学习 天天向 上， 建设祖
繁 荣 富 强。
国 繁 荣 富 强。

董存瑞舍身炸碉堡

说唱

魏惠生 词曲

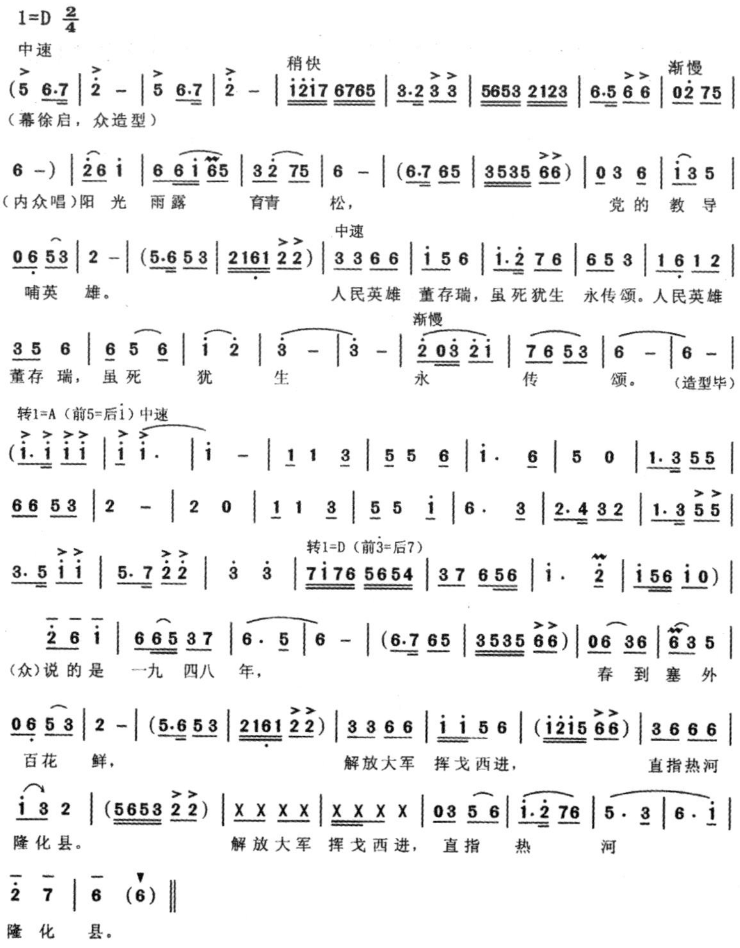

甲白：1948年5月，我中国人民解放军某部遵照毛主席“解放全中国”的伟大号召，奉令由朝阳向西挺进，直指热河重镇——隆化。

看！战士们行军的步伐多么的雄壮、矫健！

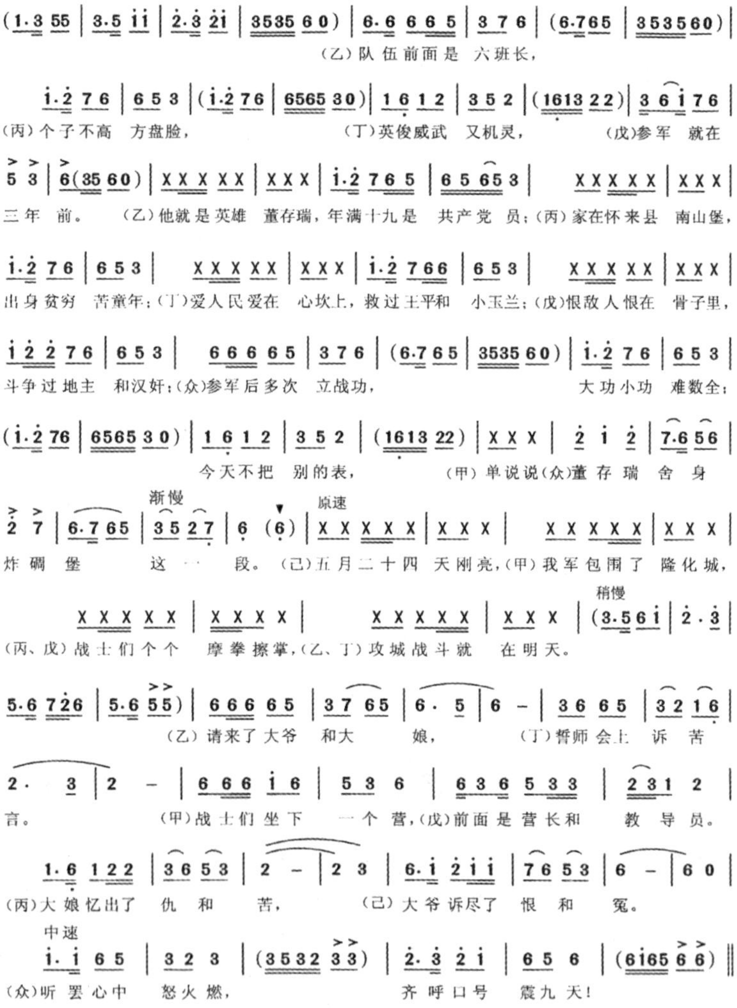

甲、乙白：替马大娘报仇！

戊、己白：替王大爷申冤！

丙、丁白：解放隆化城！

众白：解放全中国！

6 3 6 6 | 1 2 3 | (1612 3 3) | 3 5 6 i | 2· i | 7 6 5 3 | 6 (3560) ‖

(众)忆苦动员 又誓师， 抢挑重 担 人人争 先。

乙白：请首长把最艰巨的任务交给我们班！

丁白：交给我们班！

丙、戊白：交给我们班！

己白：首长，我们老家现在已经解放，乡亲们都过上了好日子，可是这儿的老百姓却还在受苦、遭罪。请求首长把最艰巨的任务交给我们班，我们保证完成任务，坚决拿下隆化城！六班的，有决心吗？

众白：誓死拿下隆化城！

甲白：好！同志们，这次攻打隆化，我营担负着主攻任务。从侦察的情况来看，敌人倚仗着伊逊河、苔山天险和大大小小的明碉暗堡，妄图阻止我军解放隆化，这是痴心妄想！我军明天就要发起总攻，营党委会决定，把"爆破元帅"这面旗帜交给董存瑞六班。

同志们，你们要坚决完成任务，为大部队打通前进的道路！

众白：坚决完成任务！

己白：同志们，你们看！

稍慢、阴沉地 中速

(5 4 | 3 54 | 3 - | 3 3 0 | 2 1 | 7 i 7 | 6 - | 6 6 0) | 2 7 6 5 |

(甲)按下 誓师

3 5 6 | (6·7 65 | 35356) | X X X | 3 6 6 6 5 | 3 1 2 | (5·653 2321 |

且不表， (己)先看看 乌烟瘴气的 城里边，

6 1 2) | 6 66 6666 | 6 3 5 | (5·5 55 | 05 50) | i 65 3 i 7 |

(乙、丙)蒋匪军 垂死挣扎 抓民夫， (丁、戊)秋后的蚂

6· 5 | i 3 2 7 | 6 (6) | XX XX | XXX X | XX XX | i 7 6 |

蚱， 还想蹦几 天。 (甲)明壕暗沟 修了不少， 明碉暗堡 一串串；

XX XX | XXXX X | XXXX XX | i 7 6 | XX XXX | XX X |

(己)此刻已是 五月二十五， 城防司令正在 摆酒宴； (丙)蒋匪 司令他 本姓崔，

XXX XX | i 7 6 | X·X XX | XX X |) 0 (| i 7 |

外号就叫作 "吹破天"：(丁)对着群众 吹牛皮："有我在， 隆化 就保

6· 0 | (2 1 | 7 i 7 | 6 - | 6 6 0) ‖

险。"

丁白：诸位，咱们隆化是固若金汤，他们共军休想向前，只要我崔某尚在，连鸟也飞不过隆化的天。来，来，来，让我们痛痛快快地干上一杯！

丙白：司令，我们现在可是内无粮草、外无救兵哪……

丁白：嗯——你看，我们的明堡多么结实，我们的暗堡多么隐蔽，蒋委员长会从空中给我们运来粮食弹药，我们只要再多坚持两天，援兵马上就会到！

来，那时我们两面一夹攻——哈哈哈哈……

丙白：司令高见，司令高……（话音未落，炮声响起）

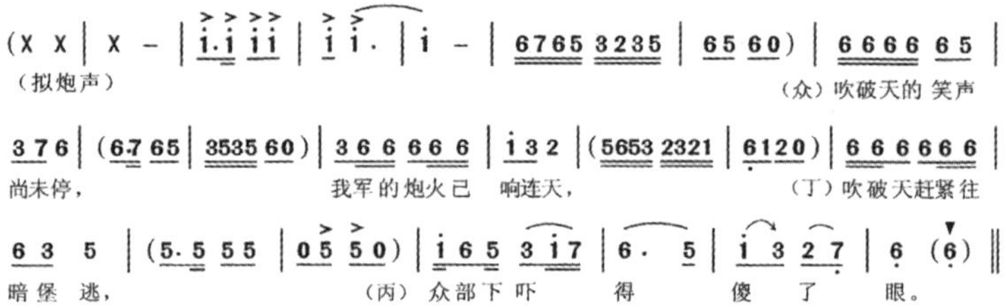

甲白：这时候，我军已经开始攻城，英勇的解放军战士勇猛地冲向敌阵，跑在队伍最前面的，就是我们的英雄董存瑞。

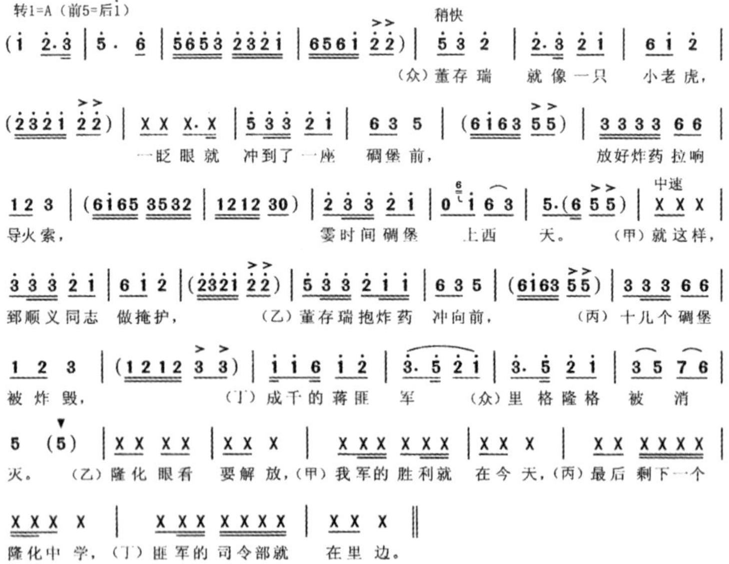

戊白：我军在隆化中学东北面正准备发起总攻。

己白：猛然，敌人在隆化中学墙外一条干河沟上面的极为隐蔽的桥型暗堡里扫射起了机枪，阻碍了我军的进攻。

甲白：坚决消灭它！

己白：我去，坚决炸毁这座碉堡，为我军总攻扫清障碍！

甲白：好！你和郅顺义同志一起去，一定要消灭这股垂死挣扎的蒋匪军。我军下午三点半钟就要发起总攻，现在已经是三点一刻了。董存瑞同志，全军都在看着你们，全隆化人民都在看着你们！出发！

己、戊白：是！

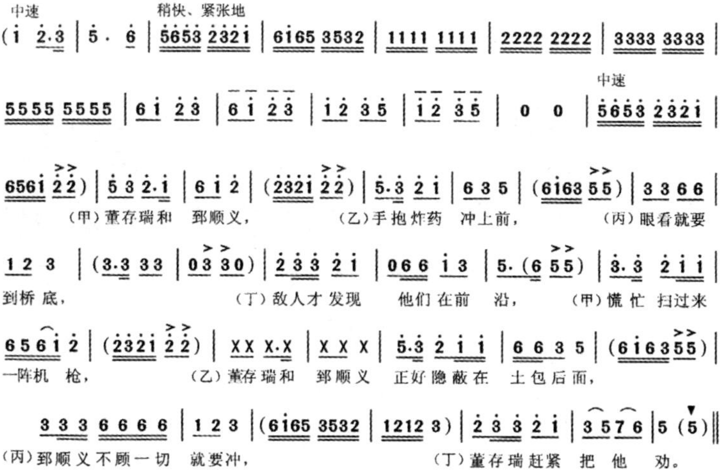

己白：别着急，战友们一定会支援我们的。

甲白：果然，我军的炮火机枪向敌人阵地上猛射过去。

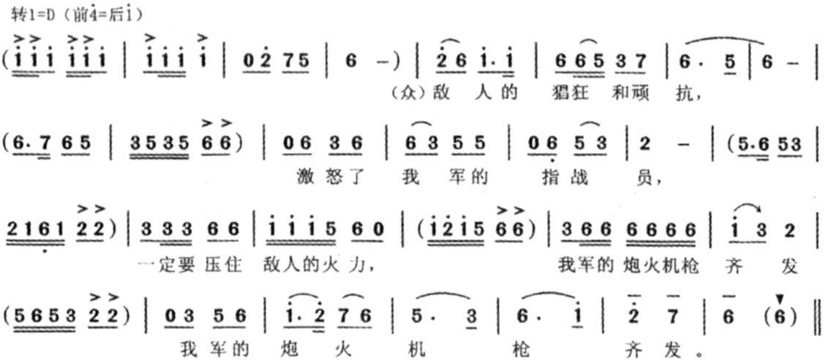

甲白：好机会，郅顺义接二连三地

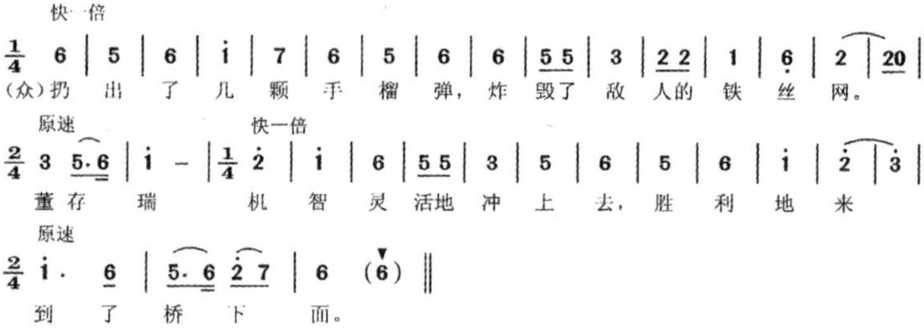

甲白：董存瑞飞也似的冲到桥底，可是，这座桥有一人多高，而且两旁的墙壁十分光滑，什么东西也搁不住，怎么也找不到安放炸药包的地方。怎么办？！怎么办？！

乙白：这时，我军总攻的冲锋号已经吹响，战士们都前赴后继地冲了上去，可是却被敌人的桥型暗堡里的六挺机枪封住了前进的道路。怎么办？！怎么办？！

众白：鲜血，战友们英勇牺牲的鲜血！呼声，隆化人民盼解放的呼声！

丙白：在这千钧一发的时刻，董存瑞大步跨到桥底中央，左手举起炸药包，望了战友们最后一眼，右手毅然拉响了导火索，霎时冒出来一股白烟……

丁白：郅顺义一惊，不由得纵身而起，向董存瑞奔去……

戊白：班长！

己白：卧倒！卧倒！你赶快卧倒！

甲白：董存瑞的一双大眼炯炯闪亮，脸上显出要压倒一切敌人而决不被敌人所屈服的刚毅神情……

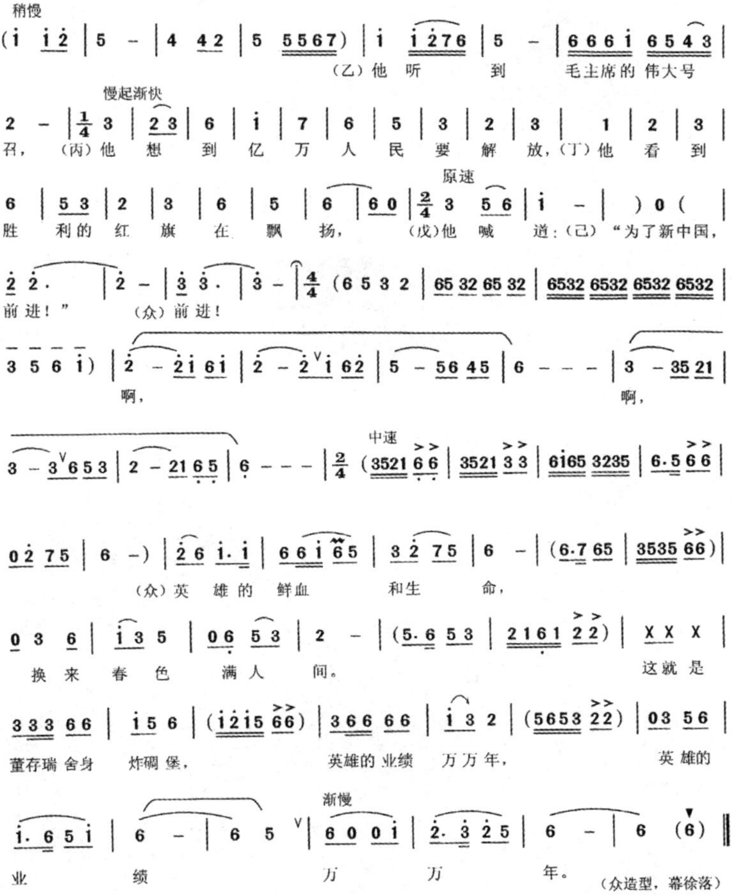

“唱响红五月”歌咏活动决赛

电视文学剧本《董存瑞》

姜乃学　白东升　刘德福

八集电视连续剧

董存瑞

编剧 姜乃学
白东升
刘德福

第一集

在“国魂”小斜字体背景衬托下推出字幕

舍身为国 永垂不朽

——朱德

一一推出六位英雄的画像：张思德、董存瑞、黄继光、邱少云、雷锋、苏宁。深沉雄浑的音乐声中，推出片名。

董存瑞

（片名和某领导人题名位于左半部，右半部定格董存瑞画像）

主题歌起（词附后）

董存瑞炸碉堡雄姿为背景，出现下列场面，同时在画面右侧映示主要演职员表。

(1) 站在驴背上悠然自得的董存瑞

(2) 刘大肚子祖坟石桌和供品炸飞撒落

(3) 趴在王平躯体上痛哭的董存瑞

(4) 董存瑞紧跟在八路军连长身边缠磨着要参军

(5) 从王福堂手中郑重接过文件包

(6) 怀柔火车站董存瑞盯视列车数木棍

(7) 训练场上迎着风沙练习投弹

(8) 机敏地和大个子敌人拼刺刀

(9) 在老秦班长坟前默默地把馒头装到衣袋里

(10) 攥紧拳头宣誓：“我把这辈子都交给党了！”

(11) 东山沟里和战士们摆制“院中堡垒”

(12) 拽着郅顺义的脚到水盆里给他烫脚

(13) 冲进火中抱起小女孩

(14) 丰宁大阁庆功会上戴军功章的形象

(15) 在隆化战斗动员会上发言场景

(16) 炸碉堡衬景放大推出，渲染色彩，闪现动感

再次定格片名 董存瑞 题

1. 怀来南山堡村外一座土山　日

山野一片葱绿，点缀着美丽的花朵。远处有忙农活儿的老乡；近处山坡上几头牛在低头吃草，一放牛孩儿躺在松软的草地上眯缝着眼睛跷着二郎腿，悠闲自得。

一头毛驴儿从蜿蜒曲折的山道上跑过来，少年(8 岁) 董存瑞穿着土布背心， 手里摇晃着一根长长的柳条，一边吆喝，一边一蹦一跳地小跑在后。

2. 南山堡村口大柳树下　日

大柳树拖着长长的枝条垂撒着，树下有几块供人们纳凉的石块。树的一边是大水坑子，一汪碧水；一边是伸向村外的土路。

一群光着身子的孩子有的在水里击水，有的站在土沿上正要向水中跳。吵闹声、欢笑声不断。

3. 村外山上小道　日

坡度稍缓处。董存瑞淘气地“吁”了一声，手按驴背蹿站到上面，将军似的摇动柳条，得意洋洋。驴儿没走几步，突然仰头嘶鸣，一晃身子，董存瑞一个前栽，从驴背上摔了下来。

董存瑞的头重重地磕到地上，额头马上起了个大包，渗出滴滴鲜血。抬起头，鲜血流下面颊。毛驴儿惹了祸似的踏着蹄子，“咴咴”地叫了起来。

懊恼的董存瑞双手一擦，“嗖”地站了起来，对着毛驴儿：“我叫你尥！”扬起柳条狠狠地抽打小毛驴儿，毛驴儿委屈地闪闪挪挪。

4. 山坡上　日

放牛的小孩盘腿坐了起来，“嘎嘎”地笑着喊：“淘气鬼，挨摔喽！”

5. 山道上　日

董存瑞小脸涨得通红，猛地一抓驴鬃，又蹦到驴背上，生气地吆喝“驾！驾！”，驴儿乖乖地向前走，董存瑞得意地学起鸟叫“啁啾”，还回过头向土坡上吐了吐舌头，做了个鬼脸。

6. 村口大树下　日

“六金，六金，从树上跳到水里准好玩儿。”栓柱别有意味地嚷着。

“好玩是好玩，就怕六金没那个胆儿！”孩子甲拉着长声。

剃着和尚头的六金一边抹脸上的水，一边抬头瞄着大柳树，硬撑着嚷：“你才没胆儿呢！”

孩子乙马上接口："有胆儿，你跳啊！"

六金结结巴巴地嚷："跳，能耐你先跳。"

孩子乙一扬水泼向六金："我没吹！"

六金着急了："反正有人敢！"

栓柱领着孩子们起哄："敢？倒是跳啊！丢！丢！"

六金要哭的架势。

7. 土路上传来"啁啾啁啾"的鸟叫声。

8. 村口大柳树下

六金仿佛遇到了救星似的，一下子从水坑子里跳上岸，高声叫起来："四蛋子，四蛋子，快来，栓柱他们欺负我。"

孩子们有的吐舌头，有的眨着大眼睛，都有些害怕，但马上神秘地把脑袋瓜儿凑到一处，叽咕起来。

栓柱眨巴着小眼睛迎着站在驴背上走过来的董存瑞，调皮地说："蛋子哥，我们可没欺负六金，是他胡吹，不信，你问问他？"

董存瑞"嗖"地从驴背上下来，斜眼瞄了瞄大柳树，扬了扬柳条，"谁孬谁好汉，看我的。"

六金着急地要说什么。栓柱悄悄地向他瞪了一眼，轻轻地拽了他一下，又回头对其他几个伙伴挤了挤眼，想看董存瑞难堪的样子。

董存瑞像什么都没看到似的，顺手扔掉柳条，三下五除二地脱下衣褂，向手心啐了两口，手脚并用，"噌噌"地爬了上去。

大柳树的一个较粗枝干上，绿叶繁茂，董存瑞站在上面，枝杈乱颤。他向下一看，不由得闭上了双眼，又马上睁开，有些后悔，犹豫着。

柳树下，孩子们站在坑沿上，仰头看。六金仰着头："四蛋子，甭跳了，我害怕。"

栓柱和伙伴们有节奏地起哄："吹牛！吹牛！"

树上，董存瑞打了下愣，脸"腾"地红了，他一狠心一闭眼，两腿回收，跳了下去。

树下，孩子们都惊恐地捂上了脸。

9. 水坑中"扑通"一声水花四溅，孩子们张开眼，惊异地朝水里看，六金急得要向水里跳。

"咳！咳！"呛了水的董存瑞从水底冒了上来，一阵猛咳。稍稍

缓过一口气，就擦抹着脸上的水珠，向坑沿走过来，嚷着：“吹牛？栓柱，你过来！”

10. 坑沿上，栓柱伸手作揖，倒退着：“蛋子哥，饶了我吧，饶了我吧！”其他孩子也连声求饶。

六金挺起胸，摇晃着小拳头，得意地笑起来。

11. 切换——硝烟弥漫画面，卢沟桥小狮子上弹痕累累，耀武扬威的日军举着太阳旗踏着大步前进；成群的老百姓慌乱奔逃，身后是燃着熊熊大火的村落，断壁颓垣。

(旁白)1937 年 8 月，“卢沟桥事变”之后不久，日军占领沙城。天真、烂漫的少年董存瑞多了不少深沉，仿佛长大了许多。

12. 沙城日军司令部 日

（特写）墙上火红的太阳旗和“武运长久”的条幅。

戴着金丝眼镜的吉田中尉斯文中透着一股杀气，手扶桌案柔和有致地讲话：“大日本皇军到贵国是为了建立王道乐土，实现大东亚共荣。各位士绅能在愚顽百姓中脱颖而出，维持本地治安，实乃皇军大幸，贵国大幸。近期前线战事激烈，希望诸位抓紧征粮、派夫，不负皇军重托。在此，本人多谢了。”说着，微微低头施礼。

一群维持会会长纷纷点头哈腰，唯唯称是。内中一个身穿马褂、头戴瓜皮帽的家伙(刘大肚子)格外殷勤地说：“太君尽可放心。山野出刁民，棍棒出孝子。皇军恩威有加，区区征粮、派夫小事，不劳皇军担忧。”

吉田中尉面露满意神情，点了点头。

13. 南山堡村外山坡上 日

一个四十岁左右的汉子(董全忠，董存瑞之父)手拿镰刀，割着柴火。董存瑞拿把小镰刀，跟在后面使劲儿地割着，头上、脸上淌着汗水。

“四蛋子，歇会儿！”董全忠惬意地坐在一块石头上，从怀中掏出一个烟荷包，装着烟袋锅，津津有味的样子。

董存瑞机灵地跑到父亲面前，顺手拿起火镰，“嚓嚓”地打起火来，乖巧地送到父亲的旱烟前，给点上火，请求道：“爸爸，你昨个儿说武松躺在青石板上睡着了，忽地刮起一阵大风，树叶乱动，咋了？”

董全忠疼爱地摩挲着董存瑞的头，有滋有味地说：“后来呀，一只吊睛白额大虎从树林里蹿了出来。虎有虎威啊，它一来，就有一股大风跟着来了。武松猛地睁开眼睛，顿时出了一身冷汗，大叫一声‘不好’一个鲤鱼打挺，跃起身蹦到地上。说时迟，那时快，老虎忽地扑了上去。武松真是条好汉，他不慌不忙地向边上跳开，老虎扑了个空。老虎什么时候扑过空啊，气得嗷嗷乱叫。”

董存瑞大睁着双眼，随着董全忠的手势走，急得跟什么似的。

14. 南山堡村 日

村落不太大，绿树中掩映着农家院落。

村子中传来哭声、喝骂声、打人声，杂沓一处，农家院中鸡飞狗跳，一片乌烟瘴气。

院落中地上狼藉不堪。有的院中有妇女倒在地上，别人上前搀扶，叫着“娘”“娘”。有的院中，有老人正顿着拐棍骂着什么。

镜头推至董全忠家。

15. 董家院子 日

门前一盘石碾，木栅栏门。一辆骡子拉的车，车上已装满了十几袋粮食，袋子五花八门，车前站着几个持枪的伪军，横眉竖眼。手拿文明棍儿的刘大肚子正走到门前踹门，两个狗腿子一人拿账簿，一人拿算盘，点头哈腰地跟在身后。

刘大肚子：“董全忠，人死光了，不来开门！”

一个三十八九岁的妇女(董存瑞之母)闻声从堂屋台阶上跑下来，屋里影影绰绰有个女孩子。

“我当是谁呢？是有祥大哥呀？快进来！”董母客气地边走边说。

“什么大哥小弟的！这是咱地面上的维持会长，给皇军催粮来了。”旁边一狗腿子上前呵斥。

刘大肚子不自觉地腆了腆大肚子。

“哟，会长，有事呀？”董母一副吃惊的样子。

“说有事就有事，说没事嘛也就没事。”刘大肚子挺着大肚子大模大样地说，“皇军分派下来，催缴粮食，支援前线。分摊下来，你家上缴一石！”

“啥，一石粮食！哎，刘会长，你知道，一家总计打多少粮？”董母婉求着。

“好啊！都这么软磨硬抗，那就别怪我刘某不客气了。”说罢转过身对伪军，“给我翻。”

“哎大肚子，啊，刘会长，你等全忠回来再想想法儿。”董母上前阻拦。

“去你的！”刘大肚子一脚踢去，董母倒地，董存瑞的姐姐(15岁)从屋中跑出，“娘，娘。”

刘大肚子狂吼着，“跟你们就不能来好脸，快翻，全都扛到车上去。”

“你……你！……”董母气得说不上话来，姐姐忙给母亲捶背。

伪军提枪进屋。

伪军翻箱倒柜，拿枪托猛砸，缸被打破，粮食流出。两屋的柜子被掀开，“这儿还有！”伪军一个个地往外扛找粮食。

院中，“那是我们家一年的粮食啊！”董母欲爬起上前。

刘大肚子恶狠狠地说：“再拦挡，有你好果子吃！”挥了挥手中的文明棍儿。

16. 南山堡村外山坡上 日

董存瑞搂着董全忠的脖子，撒着娇说：“爸，快告诉我，哨棒打死老虎了吗？”董全忠一副疼爱儿子的神情，“咳，告诉你哨棒打在了树杈上，一下断成两截。”

董存瑞一脸惋惜和焦急。

董全忠伸手拍打着董存瑞：“武松一着急，抡起大拳头，对着老虎鼻子眼睛一阵乱砸，老虎口鼻蹿血，玩完了。”

董存瑞放开父亲，挥舞着小拳头一蹦老高，“真来劲儿！真来劲儿！”

董全忠忙上前拉住董存瑞：“慢点儿，看摔着！”

17. 董存瑞家院门前 日

董存瑞还沉浸在“武松打虎”的故事中，背着一捆柴火，一跑一颠地撵着迈着大步的董全忠，“爸，爸，明个儿再给我讲啥呀？”

董全忠背着大柴捆，伸出宽厚的大手抚摩着儿子的头：“四蛋子，明个儿我给你说……哎，咋了？家里出啥事了？”他三步并作两步，跑进院子，“存娥，出啥事了？”

董存娥揉着眼睛，哭着扑向父亲，“爸，刘大肚子，他……”

“他怎么了？”董全忠急问。

“他打了娘，还抢走了粮！”存娥边哭边用手指着屋里。

“我操他姥姥，刘大肚子！”董全忠脸色铁青瞪眼看着被砸破的缸和空空的柜子。

董存瑞小牛犊似的冲进屋子，“娘！”看着躺在炕上的母亲，眼泪刷刷地流下来，“我找刘大肚子去！”

董母费力地伸手拉住董存瑞，对着迈进屋来的董全忠说：“忍着点吧，人家说是什么维持会长了，有日本人撑腰。”

董全忠直打哆嗦，气哼哼地在屋地转了两圈。

“遭劫的也不是咱一家，你出去打听打听，全村都让他给倒腾了，作孽吧！”董母气愤地说。

董存瑞圆睁着怒眼，暗暗地攥起了拳头。

18. 南山堡村外山坡上一处坟地 清明 晨

整齐地排列着五六座坟，坟前立着石碑，最前面有一张石桌子。枯草支支直立，微风吹过，凄清荒凉。

董存瑞、六金、栓柱等几个孩子远远地顺着山路向坟地跑来，每人手里都拿着点东西。

“栓柱，你到山梁上看着点儿，看着来了，就喊一声。”董存瑞又回头一招手，“六金，咱埋炸药。”

说着话，董存瑞把手里的东西放到石桌上，几个孩子都围了过来。

忙活一阵子。“四蛋子，炸药搁到石桌下，线咋拉呀？”六金问。

“说的是,线拉到沟里去,刘大肚子一来就看着了。”孩子甲接着说。

董存瑞骨碌着大眼睛，着急地拍着脑袋瓜儿。

“哎，有了，刘大肚子得烧纸钱，咱们把导火线埋到浮土里，他们一拨拉，纸钱把线一引着，咱就看热闹吧！”董存瑞说。

“真有你的。”六金不由得赞叹。

“快点儿，就这么来。大肚子快来了。”孩子们嚷嚷着。

19. 坟地通往村子的山路上 日

两个狗腿子挑着食盒担子和装满纸钱的筐篓，走在前面；刘大肚子和老婆、孩子走在中间，后面还有两个长工模样的举着纸马、纸牛。

“打皇军来，我刘有祥也算抖起来了，今天也得让祖宗知道咱的

发达。”刘大肚子摇头晃脑地说。

“给皇军卖命，你也得罪不少人了。”刘大肚子老婆一副拘谨的样子。

“我还是那句话，棍棒底下出孝子，不给他们点儿厉害，他们也不知道马王爷有三只眼。”刘大肚子狂妄地说着。

前面一狗腿子回过头奉承着说：“会长神气，我们哥儿几个也跟着沾光。”

刘大肚子自信地挺挺大肚子。

20. 小沟里，董存瑞等几个孩子机敏地盯着刘大肚子等人的举动。

21. 山坡坟地 日

刘大肚子站在供桌前支派着，“把纸牛、纸马都放到老爷子坟前，纸钱搁足点儿。”狗腿子和长工忙活着。

另一边，刘大肚子的老婆和孩子恭恭敬敬地扫着墓道上的杂草，象征性地往坟头上填土。刘大肚子弯腰把石桌上的供品整理摆放摞起老高。青烟升起，火烧得越来越旺，纸牛、纸马在火中舞动，露出了秸秆架子，纸灰漫天飞舞。

刘大肚子拉着老婆、孩子虔诚地跪在坟前，嘴里叨念着。

两个狗腿子拿起扁担跑到火堆前拨拉未烧透的纸钱。一道火舌哧哧地烧着。突然只听“轰隆”一响，石桌被掀翻在地，供品飞起，纸灰飞扬，火星四溅。

刘大肚子本能地抱着脑袋趴在地上，过了一会儿，他吃惊地抬起头，一脸惊恐。老婆、孩子就势吓趴在地，两个狗腿子和长工扔下扁担就跑。

22. 小沟里董存瑞、六金等拍手笑起来。“炸得好！”“让他坏！”“活该！”

23. 坟地上一片狼藉，供品满地，刘大肚子等几个人头上、身上全是纸灰和食物渣子，狼狈不堪。

刘大肚子嗅着鼻子，念叨着“祖宗保佑！祖宗保佑！”马上跪下磕头如捣蒜。

（旁白）龙延怀抗日民主联合县政府成立，三区区委书记王平来到南山堡村，发动群众，开始了有组织的对敌斗争，勇敢、机智的董存瑞懂得了许多革命道理，当了南山堡的儿童团团长，和王平结下了深厚的友谊。

叠印：王平教董存瑞识字、写字；

一群孩子围坐在王平身边学唱《王二小放牛郎》；

王平给董存瑞等儿童团员发红缨枪；

王平教董存瑞拿着小木枪练瞄准。

24. 董存瑞家后院 清晨

一层薄雾飘浮在空中，透着浓浓的庄稼香，

董存瑞正站在牛槽前解牛缰绳。

25. “叭勾——”村外传来几声清脆的枪响。

26. 董家院子 晨

董存瑞警觉地停下手，马上跑到门口向外观察。董全忠发现他在门口，急忙叫道：“四蛋子，四蛋子，快回来，快回来！”

董存瑞没言声，探头向外看。

27. 南山堡村口

浓密的青纱帐里，飞快地跑出一个扎着毛巾，一身土布的中年人，边跑边用手枪向后射击。子弹尖啸着横空而过。远处隐隐传来喊声：“抓活的，抓活的。”

28. 董家门口

董存瑞惊叫：“王书记！”他拉开栅栏门迎着来人跑上去，“王书记，快跟我来！”王平惊异地抬起头：“四蛋子！”董存瑞不由分说，拽着王书记跑进院子，关上了门。董全忠跑下台阶迎了上来：“王书记，是你呀，快进屋藏起来。” 董存瑞一转眼珠，“不行，上后院。”便急急地拉着王平跑向后院。

29. 南山堡村街上 晨

吆喝声、打门声，乱成一片。

吉田中尉一改往日的斯文模样，恼羞成怒地喊叫着：“给我挨家挨户地搜。”

日本鬼子、伪军端着枪疯狗似的乱窜。

30. 董家院子

一只穿着皮鞋的脚一下踹开栅栏门。几个鬼子和伪军出现在院内。

“太君！”董全忠走出屋子恭顺地打着招呼。

“八格，八路的有？”吉田一张扭曲变形的脸，挥舞着军刀。

鬼子伪军端枪拥进屋子。

31. 董家后院

董存瑞慢条斯理地解着牛缰绳。牲口槽旁一头老牛，边上有几卷席筒，另一边是一羊圈，里面有两只小羊。

吉田中尉和两个鬼子直冲过来，刺刀闪着凛冽的寒光。看到董存瑞，吉田马上换了一副笑脸，“小孩，你的，大大的好！”伸手摩挲着董存瑞的头。董存瑞反感地扭过头去。吉田稍显不快，但仍皮笑肉不笑地说道：“小孩，八路的有？告诉我。”手伸进衣袋，掏出一大把糖块儿，“糖块大大的给。”董存瑞装出天真的样子，“糖块？我要。”说着伸手来拿。

吉田一缩手，“唔？说出八路！”

董存瑞一扭身：“嗨，什么八路九路的，咱不懂，不给拉倒。”

吉田突然变了脸，“小孩良心坏了坏了的。”他抽出军刀，横在董存瑞的脖子上，“死了死了的。”

董存瑞眨巴着眼睛：“啥？不知道也得死？”一副装糊涂的样子。

吉田中尉盯视的眼睛。

董存瑞不卑不亢的脸。

“唰”的一声，吉田撤下军刀，吼着“搜！”

两个鬼子端枪转悠起来。

董存瑞扫了一眼，镇定地走向小羊圈。

鬼子拿刺刀乱扎破席筒，（特写）刺刀紧贴王平的脑袋扎了下去。

董存瑞用余光扫到，十分着急，赶快打开羊圈门。“出来！走！”董存瑞大声吆喝。

鬼子惊异地转过身，忽地围了上来。三副狰狞的面孔紧围着董存瑞盯视。董存瑞坦然的神情。

“咩，咩！”两只羊叫着走出小圈。

鬼子们失望地散开。一个鬼子看着小羊，突然，另一个立正向吉田：“中尉，八路的没有，羊的干活。”

吉田无可奈何地，戴着白手套的手紧捂鼻子，点点头。鬼子抢上前去抓羊。

董存瑞故意着急地叫着："给我羊，我的羊。"

鬼子哈哈地狂笑起来。董存瑞蹲在地上，假装抹起泪来。

32. 鬼子的喝骂声渐渐远去。

33. 董家后院 日

"四蛋子，真是好样的！"头上、脸上挂满席篾的王平拍着董存瑞的肩膀，爱抚动情地说。

董存瑞也认真地说："王书记，你不是常告诉我们儿童团要学'王二小'吗？"

王平高兴地说："四蛋子，你不就是咱南山堡的'王二小'吗？"他用力地拍了拍董存瑞的肩。

董存瑞显出无比激动自豪的神情。

34. 沙城日军司令部 日

吉田中尉背对画面，默默地盯视着条幅"武运长久"。

伪军官虎视眈眈地盯着刘大肚子。

刘大肚子一头汗，战战兢兢地站在桌子另一边，"太君，土八路藏匿我村，卑职失察，诚请太君宽容数日，我定将王平踪迹查清，呈报太君。"

吉田猛地转过身，先是装出斯文样，但仍掩盖不住杀气，"刘君，你的良心！"露出狰狞的面目。

"我的良心，绝对孝忠皇军，孝忠皇军。"刘大肚子赶快诚惶诚恐地表白。

吉田仰天狂笑。刘大肚子颤颤巍巍。

忽然，吉田假装亲热地快步走到刘大肚子跟前，轻拍他的肩膀，"辛苦大大的。"回手示意伪军军官。

伪军军官赶忙清了清嗓子，说道："刘会长，几天内皇军就要开始清乡，土八路一定会像进网的鱼儿，跳出来。这可是天赐良机啊！"眼睛幽幽地看着刘大肚子。刘大肚子忙不迭地点头："我一定竭尽全力。"

吉田中尉飞快地抽出军刀，狂妄地叫道："我的军刀亟待出鞘！"

刘大肚子惊恐不已。

35. 南山堡村口 凌晨

王平和郭科长斜背匣子枪，身后跟着两个警卫员，悄悄地从青纱帐里走出，站在田埂上，深深地吸了一口气。

大柳树下，一个黑影匆匆地晃动了一下。王平等四个人都没注意到，向外观察一下，朝村子走去。

36. 刘大肚子家 凌晨

大门“吱呾”一声，一个黑影悄悄地闪进了门。

上屋，油灯亮了起来。

“会长，喜事，王平进村了。”一狗腿子兴冲冲地凑到刘大肚子面前。

“啥？王平！”刘大肚子一阵欣喜，猛地抓住了狗腿子的衣领，“混蛋，你怎么没盯着到哪儿去？”

“会长，别急嘛！”狗腿子耸了耸被勒痛了的脖子，“我一直盯着他们到了老曹家，听着好像还要开什么会。”

“好！我刘某皇天不负！”刘大肚子高兴地站起身，“快，跟我到炮楼去！”他极度兴奋地狠狠推了狗腿子一把。

37. 农家院落 清晨

屋内王平等人围坐在一高桌旁，各村干部有的抽着旱烟，有的端着海碗喝水。王平正在讲话：“同志们，现在世界形势可变大了，说是苏联红军在一个叫斯大林格勒的地方一下子就消灭德寇 30 多万。小日本、德国鬼子没大闹头了。”

他端起海碗喝了口水，接着说：“鬼子也不甘心，上级通知，这些日子鬼子要来一个大清剿，为配合主力作战，咱们各村要搞好坚壁清野，给小鬼子来个村村无人，户户没粮……”

一哨兵撞进门来，上气不接下气地说：“王……书记……鬼子把村子包围了。”说着话，街上已传来枪声。

王平等人马上抽出枪。王平一挥手镇定地说：“同志们，别慌。鬼子来者不善，我留下吸引鬼子，大家分头突围。”

郭科长急忙说：“我也留下。”

“王书记，还是你们先走，我们来掩护。”众村干部请求。

外面枪声渐密。

“别争了，大家回去把工作做好，赶快突围。”王平着急地下命令。

38. 农家院外 日

一脸得意的吉田中尉骑着大马手举指挥刀督促进攻。刘大肚子紧跟其后谄媚地说：“太君，这回王平可成瓮中之鳖了。”

“刘君，你的大大的好！”他用军刀指着刘大肚子，“快快进攻，抓住王平，你的大功一件。”

39. 院内

王平和一警卫依托门柱，奋力投弹。传来鬼子伪军的惨叫声，鬼子伪军马上聚围过来。郭科长瞄准射击，有敌人倒下。敌机枪扫射过来，屋上的土块、木屑纷落。

40. 院落外

吉田中尉提着军刀大喊：“抓活的！”敌人步步逼进，包围圈儿越缩越小。

41. 董存瑞家院内

董存瑞焦灼地从屋内走到屋外，一会儿看着响枪的方向，一会儿静听激烈的枪声。忽然，他一矬身，“不行，我得看看去。”董全忠忙抓住他，“都是鬼子，不能去。”

一阵更激烈的枪声传来。

董存瑞猛地挣脱开向门口冲去，打开门就要往外跑。董全忠紧跟着死死地挡住。董存瑞急得大叫：“爸！”

42. 农家院落 日

屋里硝烟弥漫，两个警卫员身上鲜血滴落，躺在地上。王平和郭科长焚烧文件，砸毁手枪。烟火中露出二人刚毅的脸。

（特写）王平腰间的手榴弹。

院中传来鬼子的嚎叫声。

王平猛地甩下外衣，抽出手榴弹，“抓活的，兔崽子们来吧！”

鬼子逼近门口，（特写）王平、郭科长愤怒的脸，高举着冒着白烟的手榴弹。鬼子纷纷倒退，王平怒视向前。

“轰”的一声，画面突然沉寂，崩塌的屋子，血肉模糊的王平、郭科长的躯体，鬼子尸体四陈，火腾腾地烧着。吉田中尉神情呆滞，若有所思。突然“啪”的一个军礼，充满敬意的样子，回头对刘大肚

子说：“刘君，中国有句古话‘杀身成仁’，王平堪为！”刘大肚子面色惶恐失神之态，“太君！……”刘大肚子嗫嚅着。

43. 董存瑞沿村街飞跑，冲进前场之农家院落。

44. 瓦砾遍地，硝烟尚未散尽，王平、郭科长等人的尸体。

45. 董存瑞痛哭着扑上前，趴在王平躯体上，“王书记，王书记！”摇晃着。“我是四蛋子，你给我讲故事啊！”

董全忠和其他群众抹着眼泪，默默地收拾着。有人上前拉起董存瑞。

“四蛋子，王书记的文件包。”董全忠站在墙角惊喜地弯下腰。

董存瑞马上冲了过去，紧紧抓住细看，（特写）文件包上的红五星。（画外音）“四蛋子，这小文件包上有革命先烈的鲜血啊！”董存瑞眼泪又扑簌簌地流了下来，“王书记，咱一定给你报仇！”

第一集完

第二集

1. 南山堡至县城的大路上　夜

刘大肚子在两个家丁的搀扶下一瘸一拐地走过来，醉醺醺地边走边说：“我——不怕——王平。”他踉踉跄跄地又走两步说：“他妈的，日本人。”

董存瑞和两个区小队员突然从青纱帐里冲出来，用枪逼住刘大肚子和狗腿子。区小队员大喝道：“不许动，举起手来。”

刘大肚子大吃一惊，举起手来，登时酒气消了一半，“你们是什么人？”

区小队员：“我们是八路军除奸队。”

刘大肚子吓得一哆嗦：“哎，四蛋子，咱们可是乡里乡亲的，我是什么人你知道呀！我可没做什么对不住乡亲们的事！”

董存瑞愤怒地瞪起双眼：“狗汉奸，你领着鬼子抓王书记！”说着上前就踢了刘大肚子一脚。

刘大肚子：“我怎么能干这种事，误会，误会！要不你们……”还想往下说，被怒不可遏的董存瑞打断，“你还抵赖！”红缨枪“嗖”地顶住了他的前胸。刘大肚子往后退了几步，坐在地上，两个狗腿子撒腿就跑。

区小队员把刘大肚子捆起来：“走！”

2. 南山堡 秋日

远处万山红遍，层林尽染，村头大树下。

董存瑞带领一队儿童团员出现了。

衣裳朴素整洁，有的背一柄木枪，有的背一杆红缨枪，迈着豪迈的步伐。

董存瑞身上背一支木枪，又斜挎个带红五星的文件包，张六金背一把带红绸的大刀，刘福全背一柄秃头的木枪。

儿童团员唱歌走过来：

咱们儿童团

一齐把歌唱，哎

唱一唱英雄汉

王平和郭科长

唱一唱英雄汉

王平和郭科长

儿童团员一张张天真而激情的脸。

董存瑞悲愤而涨红的脸，满眼泪水。

歌声中新任三区书记王福堂与南山堡村长迎着儿童团队伍走来，听着孩子们的歌，眼里出现泪花。

村长：“四蛋子。”董存瑞：“立定！”儿童团员们停下。

材长:“四蛋子,过来认识一下,这是新来的区委书记王福堂同志。”

董存瑞满含热泪：“王书记。”

材长又朝向王书记：“王书记，他是儿童团团长董存瑞。”

董存瑞：“王书记，这是王平同志的文件包。”

董存瑞含泪双手捧给王福堂。

（特写）包上的红五星。

王福堂先凝视着包，又凝视着董存瑞。

3. 南山堡 冬日

王福堂与村长站在一张桌子前与八路军梁连长交谈，桌子周围是一队队新参军的青年，身穿新军装，胸戴大红花，周围还有送行的乡亲们。

王福堂："梁连长，满意了吧！你看(用手指一指新兵)虎生生的。"

梁连长对着王福堂："感谢人民的支持。"

然后转向周围的群众说："乡亲们——请放心——参了军——部队就是他们的家，我一定把他们带好。用不了多久，他们就会出息成呱呱叫的八路军战士。"

4. 董存瑞身背小木枪，领着几个儿童团员，在人群中乱窜。

一排排威武雄壮的八路军战士唱着《三大纪律八项注意》走过。

董存瑞艳羡地看着。

（特写）战士的雄姿，崭新的军装，擦得发亮的三八枪。

董存瑞热望的脸与新战士欢欣的脸交相辉映。

张六金："看人家多神气，听说，还发新枪。看'我们'。"（摆弄一下木枪）

董存瑞："光说算什么能耐呀，有本事去找人家说说。咱们也参军。"

张六金："我可不敢，人家好说我是小孩子了。"刘福全摆弄了一下秃木枪，摘下身后边的快板，打了起来，边打边说："参军好是好，你得找领导，光急没有用，软磨又硬泡。"董存瑞一拍脑袋："对，有了。"拉上他俩就跑了。

5. 南山堡街道上 日

董存瑞跟在梁连长后面又跑到前面，梁连长不理他！

董存瑞直叫："梁连长，梁连长！"说着又跑到梁连长的前面，停了下来。

梁连长停下来

梁连长："你今年多大了？"

董存瑞："十六。"

连长："你属什么的？"

董存瑞："小龙。"

董存瑞恳求的眼神:“梁连长,收下我吧！行军我一天能走一百里,打仗我会放枪，我会使炸药。”

梁连长：“哈哈，十六？小龙？”边说边往前走边用手算计着，最后说：“ 你十五。”

6. 在南山堡村子的大树下，张六金、刘福全正缠磨着王福堂。

7. 街道上

董存瑞仍跟着梁连长。

连长：“你还小，不行！”

董存瑞追到梁连长的前面。

董存瑞：“小怎么着？金刚钻小，能揽瓷器活儿，我会爬树，我会凫水，我十一岁那年还糊弄日本人，掩护了王平同志。”

梁连长：“不说了，你还是个孩子！”继续往前走。

董存瑞立住，动情地说：“不让我参军，打不了鬼子，怎么给王平同志报仇？”

董存瑞流下了热泪。

梁连长回头注视，吃惊的神情，梁连长返回。

他双手扶住董存瑞的肩，深情地说：“董存瑞同志，我明白你的心情，可我们是革命队伍，一个真正的革命战士，首先要服从革命的安排，过两年，我再来接你！”

董存瑞：“真的（露出孩子般的微笑）？梁连长，你可说话算数。不行，拉钩！”

董存瑞与连长拉钩。

8. 南山堡，村前场院里 日

一队民兵正在训练，张六金也在队伍中。

王福堂站在场院地上，柴火堆的后面，董存瑞和刘福全紧盯着训练的队伍。

董存瑞的眼中把民兵队列想象成大部队雄赳赳的气势。

董存瑞若有所思的脸，民兵开始休息。

董存瑞与刘福全走上前去：“王书记，我们要参加民兵！”

王福堂：“不行，你们年纪小，民兵经常打仗！”

董存瑞：“打仗才好呐！不打仗怎么消灭鬼子？”

刘福全："六金怎么行呢？"

张六金："你们又来磨叽了？"

董存瑞气愤地："我要给王平同志报仇！连个民兵都不让参加，算什么革命队伍！"

刘福全："就是嘛！"说着流下了眼泪。

王福堂沉思了一下："行，但有一条，只许参加训练，不能参加战斗。"

董存瑞："啊——（马上改变了表情，刘福全拉了拉董存瑞的胳膊，董存瑞马上又改变了表情）行，训练也行！"

王福堂："集合，新民兵董存瑞、刘福全入列！"

董存瑞、刘福全小跑入队。一民兵说："四蛋子的磨叽还真管用。"

董存瑞与民兵队伍越走越远，渐渐消失。

天边火红的夕阳分外美丽。

9. 南山堡 夜

远处几声狗叫。

一队人正向前走来。

借着月光我们可以看清是王福堂和民兵们。

行军的队伍越走越远，这时董存瑞背着木枪跟在后边。

10. 公路旁边 夜

月光下，电线杆子上的电线纵横交错，远处有鬼子炮楼的黑影，隐约可见哨兵走动，听见日本鬼子的喊叫。

王福堂："卧倒，就在这儿，你们监视鬼子。"说着指了指几个民兵。"咱们割线。"又指了指几个民兵。敌人炮楼的灯光向这里照射，民兵们都隐蔽在草丛中。

王福堂发现了董存瑞，"你们怎么来了？"

董存瑞诡秘地一笑，吐了吐舌头，做了个鬼脸。

王福堂无可奈何地摇了摇头说："你们趴在这儿别动。"

灯光过去，一个民兵爬上了电线杆，用剪子在剪电话线。

（特写）电话线纵横交错，民兵十分笨拙地剪着。

敌人的灯光又向这里射来，电线杆上的民兵赶紧跳了下来。

11. 鬼子岗楼上一个鬼子拍了拍另一个鬼子喊："有人！"另一个鬼子已经向电线杆开了枪。岗楼的鬼子放下吊桥冲了出来。

12. 王福堂："撤！"

董存瑞喷火的双眼，握紧木枪的手。

董存瑞把手伸向后腰，抓出一颗手榴弹，猛地跳出草丛，手榴弹未拉就扔了出去。王福堂猛地拉起董存瑞："快走！"

13. 敌人在后面猛追。

14. 王福堂边退边射击。

民兵们向青纱帐里跑去，枪声渐渐消失。

15. 南山堡 训练场 日

民兵休息。

董存瑞手拿一把镰刀锯向王福堂走去。

董存瑞："王书记，我做了个割电话线的家伙什儿。"

王福堂："嗬，四蛋子，点子还不少！"

这时，民兵们围了过来，民兵们七嘴八舌地夸奖起来。

董存瑞十分得意，又冲大伙说："还有个主意哪，电线杆下埋上地雷，炸他个龟孙子！"

16. 沙城 日 日军指挥部

吉田中尉正在和伪军团长以及几个下级军官围在墙上的地图前研究事情。

吉田："诸位，近来土八路活动越来越厉害，对我大东亚圣战十分不利，木村大佐严令我部加紧清剿。"

一日本兵匆匆走入，立正："报告中尉，五号炮楼附近，土八路割断了电话线，炸死了查线员！"

吉田："八格！"愤怒地一拉桌子，保安团长与几个日本军官一脸惊惧之色。

17. 南山堡 日 村头大树下

群众甲：神秘地对大家："听说了吗？昨天晚上，村民兵割了电话线，还炸死了鬼子。"群众乙："够神的。"又对着董存瑞的父亲董全忠，"听说还是你家的四蛋子出的主意哪！"

董父吸着旱烟欣慰地笑了。

18. 南山堡　日

欢乐的送行场面

刚入伍的战士，有的穿着新军装，背着枪站在村中场院里，有的还与他们的家人依依不舍，拉着手含泪说话。

张六金的母亲拿出一个长命锁：“六金呀，把这个锁子戴上，会保佑你的！”六金母亲用衣袖擦了擦眼泪。

六金向四周看了看，不好意思地说：“娘，你看你。”

19. 董存瑞正站在一群人中间，周围有王福堂、董存娥、董金忠、董母。

董存瑞的母亲抱着三岁的董存梅，含着热泪眼巴巴地望着董存瑞：“四蛋子，我不放心你胆大，什么事都不怕，在外头要吃亏的。”

董存瑞抱过董存梅亲了亲。

董父望着四蛋子说：“四蛋子，要为咱们董家争气！”

董存瑞：“放心吧，爹、娘、大姐，我一定争气打鬼子为王平报仇！”王福堂走过来，拿出王平的文件包，满怀深情地：“董存瑞，还记得这个文件包吗？”

董存瑞：“这不是王平同志的文件包吗？”

王福堂沉重地说：“这上面有王平同志的鲜血，董存瑞，你带上它，把革命干到底！”

董存瑞把公文包抱在胸前：“王书记，你放心吧！”

20. 刘福全正拿一个竹板边打边唱：

打竹板，都来瞧，
干革命人人都荣耀，
大娘不要把泪抹，
儿子当兵是为国，
大伯不要把心担，
打完鬼子见青天。
南山堡真不孬，
革命热情比天高。

福全爹正拿着一篮子鸡蛋往人群里挤：“乡亲，看着我们家福全了吗？”

群众甲："看，不是在那儿吗？"

福全爹一看，埋怨地说："傻小子，又数上了，栓柱，给你鸡蛋！"刘福全回头停止了说快板，埋怨地说："爹，你让我怎么拿呀！"

福全爹："福全，是熟的！"

刘福全没听见，已随部队雄赳赳地走了。

福全爹呆愣在道上，自言自语地说："这个臭小子！"

21. 一队队八路军向远处走去，其中有董存瑞、张六金、刘福全。

梁连长走过来与王福堂握别，后面跟着一个通讯员。

22. 沙城 日

（旁白）1945 年 8 月 15 日，日本帝国主义宣布无条件投降，9 月 14 日，在投降书上签字，但是龟缩在沙城里的日军仍负隅顽抗，我冀热察军区第九旅二十四团奉命解放沙城。

23."轰隆"一声爆炸声，沙城城墙被炸开一个豁口，八路军冲入。

24. 我军冲锋，鬼子有的倒地，有的投降。

25. 沙城内，吉田中尉指挥部。

四面枪炮声，喊杀声乱成一团。

吉田倒背手，困兽一样地来回走动。

26. 沙城内

激烈的枪炮声，火光闪耀，映出无数冲锋的八路军战士，呐喊声震荡天宇。

脚下躺着数具日军尸体，有几个倒在断墙上，四周血肉模糊。

27. 吉田站在地图前，凝望着地图上的日本国土，面孔阴暗冷峻，一军曹跑入："报告，八路已打到指挥部了。"

吉田拔出枪，对准军曹："天皇陛下在召唤我们了。"枪响军曹倒地。

吉田挥刀把"武运长久"的条幅横刀劈下，一声惨叫，军刀刺入腹中，血流倒地。

（特写）吉田在地上痛苦地抽动，血染红了两半条幅："武运"和"长久"。

28. 董存瑞扛着一挺歪把子机枪，背着一支三八枪，旁边走着一队日军俘虏队伍。他从队伍中拽出一个瘦个子，让他扛上机枪。俘虏走得慢，拉开了队伍。董存瑞："快走！"

俘虏快走几步，又慢下来，董存瑞催促几次，又在后面推了一下，俘虏仍然走不快，董存瑞来气了。他拉着俘虏进了路边的树林，他让俘虏放下机枪。董存瑞解下皮带抽打俘虏，打一下叫一句：“你还我王书记！”

俘虏抱着头团团转，哇哇叫。

29. 村外路上　日

王排长站在路边检查队伍走过。“咦，董存瑞呢？”排长朝队伍前后张望了一回，返身找了回来。

30. 树林里　日

排长发现董存瑞在抽打俘虏，跑上前制止：“住手，董存瑞，不能打俘虏！”

董存瑞不服气的样子，脸转向近前的排长，问：“排长，我问你：他为什么到中国来杀人放火？为什么杀害王书记？为什么——为什么——？”恼丧地梗着脖子。

排长愣怔了一下，严肃地说：“不管怎么说八路军都不能虐待俘虏。”

董存瑞又扬起了皮带，排长上前去抓住他的手腕，董存瑞脸气得发紫　，一屁股坐在地上，喘着粗气，向排长吼道：“我就不信，兴他杀人放火，不许我出出气！”

王万发排长气势汹汹地大声说：“董存瑞，这是八路军的纪律！我命令你跑步赶上队伍！”

董存瑞还想坚持，但看着排长严厉的样子，无可奈何地站了起来，扛上机枪，追队伍去了。

31. 沙城　屋里　日

靠窗是炕，后面地上有一张高桌，两把旧式椅子，梁连长站在高桌旁。

梁连长：“通讯员，把董存瑞叫来！”

32. 连长屋外　日

董存瑞在屋外：“报告！”

连长：“进来。”

董存瑞站在桌边，一副余气未消的样子。

连长：“董存瑞，你知道违反纪律了吗？”

董存瑞眼睛斜视墙壁不吭声。

连长："董存瑞——"声调开始提高。

董存瑞："到！"脚下动了动。

连长："你给我背背《三大纪律八项注意》！"

董存瑞："（懒洋洋）一切行动听指挥，不拿群众一针一线，一切缴获要归公，说话和气，买卖公平……不调戏妇女！"

连长："第八条呢？你给我贪污了？"

董存瑞缄口不语，眼睛继续斜视墙。

连长："你还不认错？呵——那好，找个清静的地方好好反省反省。"

33. 禁闭室 傍晚

董存瑞孤零零一人坐在谷草上生闷气。

屋里渐渐暗了下来，通讯员开门端着窝头和菜进来了，"董存瑞，开饭了。"

董存瑞不看，口不言。

通讯员带着几分讥诮的语气说："哈——好大的架子，立功了？等着人伺候？"

董存抬起头看通讯员，本想开口，嘴张了张又闭上了，过一小会儿说："放着吧，别挖苦人！"

通讯员边往外走边讥讽着说："有能耐战场上撂倒他几个，那才是英雄；打手上没家伙的算什么好汉！"

董存瑞噌地站起来，气急败坏地吼："脸对鼻子拼刺刀也没'草鸡'过！别在人家掉井了还砸石头！"

通讯员在门外朝里说："别生那么大的气，气坏了身子拿什么打鬼子？消消气，吃饭！"

34. 禁闭室 日

高指导员走进屋子："通讯员，把饭端去热热。"董存瑞坐在草上不动。通讯员端饭出屋。

高指导员挨着董存瑞坐下来，拍拍董存瑞的肩头，看着他的脸，关心地说："瘦了，四顿没吃饭了，这怎么行呢？你妈妈要是知道了该多着急。"

董存瑞心里一酸，眼泪满了眼眶。

指导员："冤屈了，是不？鬼子杀了我们乡亲和王书记，我们抽了他几皮带，还蹲禁闭；这不公平，是不？"

董存瑞这时抬起头看着指导员，眼里闪着泪花。通讯员端来了饭菜，指导员接过来递给董存瑞。董存瑞接过来，慢慢吃着。

高指导员看着他吃饭，站起来说："天下哪里都有两种人：一种是挨人欺负的，一种是欺负人压迫人的。日本国也是这样，这些日本兵中十个有九个是他们国内受压迫的。"董存瑞一边吃饭一边琢磨着指导员的话，有些惊讶的样子。

高指导员："日本国那些有钱有势的富家子弟，谁肯到中国来打仗？日军里那些卖命打仗的是受了欺骗上了'武士道'的当的，等他们弄明白了，就把枪口调整过来对着本国的那些战争贩子。你还不知道有个反战同盟吧？"

董存瑞摇了摇头。

高指导员："反战同盟就是俘虏的日军经过咱们的教育，认识了本国那些军国主义者的罪恶，反过来帮助咱们反对圣战的。你打的那个川岛的俘虏，是个学生，书念得好好的，被强迫来打仗，行军打仗一落后就挨当官的枪托和皮靴。"

董存瑞："指导员，平时你给我们讲对人民对同志要亲，对敌人要恨……"

高指导员立刻接过话茬："对呀！这话没错，鬼子用刀枪杀我们时我们也用刀枪回敬，他们放下武器了，我们就用教育，讲道理攻他们的心，这也是作战。"董存瑞眼睛一亮，一拍大腿站了起来，说："指导员，我明白了，这就叫有武有文。用武攻他们的武，用文攻他们的心。"

高指导员："对，毛主席教导我们优待俘虏就是要瓦解敌人的队伍，打消他们的士气。"

董存瑞："唉！这就是以毒攻毒！"

指导员："是这个意思，不过应当叫以善攻毒。"

董存瑞："对对对，以善攻毒，以善攻毒。"

董存瑞乐得直拍手，"我这就找连长、排长检讨去。"两个人高高兴兴地向屋外走去。

35.（旁白）沙城解放不久，一个日军骑兵大队，由延庆向北逃窜，我二十四团奉旅部命令在汤子沟设伏，一举歼灭敌军。

在旁白过程中推出以下镜头：

一条不太宽的山道，两边是或陡或缓的山坡和或长或短的沟壑，山坡上是疏密不均的蒿草，偶或有独立的树木，太阳已偏西，潜伏在蒿草中的战士，头戴树枝编的伪装帽。

日军骑兵打着太阳旗出现在远方，一长串骑兵越走越近。

战士们纷纷射击投弹，日军马队大乱，有的向来路跑，有的向山上跑。

战士们从西边山坡冲下来，短兵相接地肉搏。

董存瑞和30余名战士潜伏在离沟道近的山坡上，远远十多骑日兵冲来，我军射击，日兵被击下马。

有一名日本骑兵向右边的小山坡跑去，日军伏在马背上，用鞭子狠抽，马疯狂逃跑。

战士们向日军骑兵射击，但马很快跑出了伏击圈。

董存瑞提枪猛跑去追日骑兵，山石遍地，杂草丛生，他顾不上择路，裤子被刮破，跑出一段后，鞋掉了一只，他光着一只脚继续追。

董存瑞的脚被扎破，血流了出来，仍追赶不舍，路上留下了血脚印。

后面跑过来一匹空马。马渐近，董存瑞背上枪，待马近身，一路过去抢抓住马笼头，翻身上马。用手勒马，向前追去。

追近，端枪射击，敌人落马。董存瑞拉着两匹马，背着两支枪返回。途中又一空马跑来，被董存瑞截住。

董存瑞拉着三匹马，光着一只脚，和战友们会合。

第二集完

第三集

1. 山区的路上　日

董存瑞和排长王万发由远到近地走过来。穿着八路军灰布军装，

背着大枪的董存瑞显得格外精神。晴朗的天空，刚过中秋的景象。路边零散地开着蓝色的野菊花。董存瑞面带笑意，脚步欢快，嘴里哼着《王二小放牛郎》，不时地快走几步到路边摘几朵野菊花，放在手里揉搓着。

王万发：“快见到娘了，看把你高兴的。”他停了一停，像有心事地说：“我离开娘快四年了。”

董存瑞像没听见似的，依旧哼着曲儿。

2. 画面闪回

天蒙蒙亮，八路军战士睡在老乡的炕上和地下的草铺上。

画外吹响集合号。战士们呼啦啦起床、穿衣、穿鞋、叠被、拿枪，忙乱地赶到院里站队。

刚站成的队列里，董存瑞发现少了刘福全，“刘福全，刘福全。”董存瑞返身回屋，屋里没人；又出屋站队，队伍跑步出院。

3. 设在民房的连部 晨

董存瑞报告进屋。梁连长和高指导员正在洗漱。

董存瑞：“连长，刘福全不见了，这是他留下的纸条。”他把一块黄乎乎的草纸递给连长。

连长看着纸上两行歪歪扭扭的铅笔字。

伴刘福全画外音：“连长别生气，抗战已胜利。老父六十七，回家去种地。南山堡刘福全。”

梁连长：“唉哎！真是二指宽纸条，想走就走啦。”

高指导员接过连长递过来的纸条看了看，“这刘福全肚里墨水不浅哪！”

4. 董存瑞和王万发在山路上走着。

王万发和董存瑞打着趣，“我知道喽，一定有要好的姑娘快见面了！”

董存瑞：“咱可没那么复杂。”

王万发颇费心思地问：“那你乐个啥？”

董存瑞：“排长，刘福全开小差，派我回家找，这是不是连长对我的信任？”

王万发点了点头。

董存瑞："这二来嘛，咱参军就是为打鬼子给王平同志报仇。这会儿鬼子投降了，咱回家看父老乡亲也有个交代嘛！"

二人背影远去。

5. 南山堡村 日

南山堡的街道上，远远地看到一群人。渐近可以看到有人戴白布帽，穿白布衣，持幡杆，有女人号啕大哭。

董存瑞和排长疾步快走。清楚地看到了有人穿着寿衣，戴着孝帽，一男青年持幡杆，彩纸糊的幡冠透着悲氛，地上一口棺木，一位头发花白的老妇人大声哭着："该死的遭殃军！"几个年轻女子嘤嘤啼啼。

董存瑞："谁家死人了？"

人群中迎出来了刘福全，脸色沉重，"王排长，董存瑞。"拉住了二人的手。

董存瑞冲着刘福全，"怎么回事？"

刘福全："前天南山堡来了几个中央军，像饿极了的狗，见什么抢什么。宋家的黑牦子被拉走了。宋老爹一拦挡，就挨了几枪托，当时就倒地吐了血，夜里咽了气。"

一名群众："什么中央军！原先的皇协军换了身衣服唬人就是了。"

一位老人颤巍巍走过来说："八年抗战，前门打跑了狼，后门又进了狗。老百姓的日子什么时候能安生？"

老妇人站起来拉着董存瑞的胳膊边哭边说："四蛋子，你老爹可死得冤啊，你们可得给他报仇啊！"

董存瑞搀着老妇人，连声叫道："大妈，大妈……"

一中年人："老百姓的命咋这么不值钱！还不如一根草？"

群众情绪愤怒："八路军能看着老百姓遭殃不管吗？八路军给老百姓做主不？"董存瑞满脸憋得通红，看着王排长。

王万发面孔严肃，声音激愤："乡亲们，我们八路军是人民的队伍，一定要给人民做主！乡亲们一天过不上安稳日子，我们的担子就一天不能撂！乡亲们请放心。"他说完紧盯了刘福全两眼。

刘福全心情很不平静地看着排长，会意地点了点头。

董存瑞："大爹大妈们，姐妹兄弟们，我们回去把这事汇报给首长，一定给宋老爹报仇！"他声音发着颤，右手把枪举了举。

6. 接前场。董存瑞、刘福全和众人抬着棺木，王万发扶着宋大妈，向村外走去。

7. 董存瑞家门口 日

石墙，木板门，门外一盘石碾，几棵树，院内两只山羊。

董存瑞心情有些沉重地推开自家的大门：“娘，娘！”

母亲和大姐存娥赶忙从屋里出来，几步过来拉着董存瑞。母亲上下打量着儿子。

存娥：“四蛋子，你这是……”

董存瑞：“排长让我回来看看娘。”

母亲手摸着儿子的脸：“四蛋子，你瘦了。”

董存瑞故作轻松，“娘，姐，你们放心。”边说边扶着母亲往屋走，“连长、排长、班长对我可好呐，还有炊事班那个老秦，想着法子给我们改善生活。”

母子三人进了屋。

母亲看看董存瑞的衣后襟说：“快脱下来，娘给你缝缝。”

董存瑞放下枪，脱下上衣递给母亲。大姐拿来针线笸箩，纫上线。母亲缝了起来，“你回来了我给你缝，在队伍里谁缝？”

董存瑞有些夸耀地说：“我们都有针线包，自己缝；再说还有老大哥帮着呐。”母亲流下了眼泪。

董存瑞看了心里一震：“娘，看我回来不是很好的吗？你儿子在外面不会给你丢脸。”

存娥：“你给咱娘作脸，让咱家人前背后戳得住，家里都放心。”

母亲哽咽地说：“我 40 多岁的人了，就你这么一个儿子，要是有个三长两短的……”

董存瑞：“娘，你不是从小就叫我“四蛋子”吗？石头蛋，什么能打透！一当上八路，我就成了铁蛋、金蛋啦。”

母亲破涕为笑。

存娥也笑了：“四蛋子会招咱娘哭，又会惹咱娘乐。”

8. 南山堡街道上 日

王万发、刘福全和他的父亲走过来。刘父饱受磨难的一张皱脸下，留着一把胡子；高大的骨架稍显驼背，说话沉稳露出他有心事，声音清响显得很有决断："栓柱，你去吧。爹有了难处，有乡亲们呐。"

刘福全："我寻思小日本打跑了，该咱们庄稼人过太平日子了；没想到……"

王万发："中央军抢东西打死宋老爹，说不好是个信儿，往后还有仗打呐。"

刘父："我寻思过了：国有难办的事，家就安稳不了。乡亲们都眼巴巴盼着你们把国家事料理好了，过几天安生日子哪！"

刘福全："爹，我听你的。乡亲托付的事办不好，我就不回来。"

刘父："这你要给爹脸上增光了。"

刘福全和排长向前走远。

刘父大声叫着："栓柱，常往家打个信！"

刘福全回身望着父亲："放心吧，爹！"

9. 接前场董存瑞家 日

母亲："四蛋子，你给娘个底儿，什么时候能回家和娘团圆？"

董存瑞："国家太平了。"

母亲："国家什么时候能太平？"

存娥这时从柜里拿出了一双新鞋，"四蛋子，试试看，挤脚不？"

董存瑞接过鞋，深情地看着大姐，"大姐，你又熬夜了。"

存娥："鞋脚不利索，怎么行军打仗？"

母亲："脚上有鞋，不怕道远。"母亲把衣服递过来，"快穿上吧，娘的心能踏实吗？"自言自语地说着。

存娥突然想起："囤里还有西瓜哪！"说着往外走，抱进来两个西瓜。

母亲拿刀切着。

王万发画外音："董存瑞，董存瑞。"

董存瑞："娘，我要走了。"拿起枪和鞋就往外跑。

母亲拿着一块西瓜和存娥追到大门口，看董存瑞已走远。喊着："四蛋子，你可当心呀！"

董存瑞回头向母亲和大姐招手。

10. 火车站 夜

字幕：1946 年 1 月，怀柔火车站。

深夜的火车站，凛冽的寒气，使远近几盏电灯的光更加昏黄。道轨上停着几列货车，车板上装着坦克和大炮，依稀可见坦克和大炮上的英文字。高大的闷罐车箱，投下长长的阴影。

董存瑞背着大枪在站台上走动着，远处站台上有一个背枪人跺着脚。

董存瑞：“刘福全。”

刘福全：“干啥？”

董存瑞向刘福全走过来，招了招手。刘福全也向董存瑞走来，两人相遇。

董存瑞：“你数数这种大家伙，有多少？”

两人分向两边走去，数点着，然后又聚在一起。

刘福全：“12 辆坦克，26 门大炮。”

董存瑞从左口袋里掏出一把木棍，数了数，又放到右口袋里，剩下的放回左口袋。

刘福全：“这是干啥？”

董存瑞：“给遭殃军的军火过过数。”

蒸汽车头冒着股股白烟气，开始启动，吭哧吭哧地驶离车站，白汽掠过董存瑞和刘福全的头。

（旁白）1946 年 1 月，国共双方签订了《停战协定》。但蒋介石无视全国人民的和平愿望，利用《停战协定》作为布置大战的幌子，调动军队，赶运武器，抢占战略要点。

11. 北平城里国民党五十三军军部 日

字幕：国民党五十三国军军部。

宽敞的房间，一张黑色沉重的大写字台，写字台后的转椅上坐着威气森森的五十三军军长。

（字幕：国民党五十三军军长）棱框多玻璃小的窗户半掩着窗帘，左面墙上挂着闪露一条的军用地图，右面一排大沙发，墙角的木架上放着盆景。整个室内沉闷、阴暗。

敌军长吸着香烟，看着《中央日报》。

政训处长走进来，“报告军座，这是据《剿匪手本》拟定的《剿匪宣传纲目》，请军座过目。”说着递上来一叠纸。

敌军长不予理睬地说：“剿匪剿匪，抗战 8 年，剿了 8 年的匪，结果还不是‘周郎妙计安天下，赔了土地又折兵’！”

政训处长：“这可是上峰的意思！”

敌军长：“政训处长，我问你《停战协定》刚刚签字，军调处就在我的眼皮底下，你看！”把手中的报纸推给政训处长，“这个匪可怎个剿法？”

政训处长不屑地嘻嘻笑着，“这又何妨，瞒天过海嘛！再说军调处三方代表，我方有二，那也是天桥的把式。”

敌军长：“怕就是‘聪明反被聪明误’。共产党的脑袋也不是光会吃饭的。”

政训处长：“军统来人催呐！这是总裁的口谕。”递过来一个白皮小本，翻开了封面。

敌军长接过来看。

伴蒋介石画外音：遵照中正所订《剿匪手本》，督励所属，努力进剿，迅速完成任务，其无功于国家者不得膺赏，其迟至贻误者当予执法以罪。希转饬所属剿匪部队官兵，一体遵悉为要。”

12. 八路军驻地民房 晨

董存瑞和刘福全下岗回来。战士们在洗脸，准备开饭。

董存瑞左手端脸盆，右手从口袋里掏出木棍放在炕上：“老蒋运军火的账，都在这里。”

张六金：“你这豆腐账让咱怎么算？”

董存瑞：“长的是火炮，短的是坦克，不长不短是闷罐。”

张六金数着木棍，一名战士递过一碗小米饭。

刘福全边吃边说：“《双十协定》在前，《停战协定》在后；这老蒋还要干什么？”

董存瑞：“这才是三宿运过来的。”

一名战士：“要干什么？谁能钻进蒋的肚子里看看呢？”

又一名战士：“甭看，也知道是脏心烂肺。”

张六金：“一不做买卖，二不送人，三不化铁水，四不当摆饰。”

刘福全：“那么说老蒋还是瞎驴拉磨。”

一名战士：“瞎驴拉磨？”

刘福全：“对，离不开那条道！”

又一名战士：“这左一个协定，右一个协定，再开战老蒋也不怕惹众怒！”

13. 连部 日

董存瑞端着饭碗进了连部，梁连长和高指导员正在吃饭。“连长，指导员，我夜里站岗，看中央军这几夜运军火，坦克48辆，大炮320门，闷罐64节。”

梁连长：“吃的是黄米饭，肚子里可装的小葱拌豆腐。哈，董存瑞，不凡哪！”

高指导员：“大家对这事有啥看法？”

董存瑞：“大伙并不明白：老蒋一面和谈，订协定，一面又搞战备。”

梁连长：“老蒋葫芦里到底装的什么药？”

高指导员：“这是头等的大事呀！全党关心，全国关注。你们的问题提的是火候。”

梁连长看着指导员，“看来是揭锅的时候了。”

高指导员一边去拿公文包一边说：“咱现在就揭锅。”

他从公文包里拿出两本小册子递给董存瑞：“你们问题的答案就在书里，回去给同志们读读，再好好议议。”

董存瑞接过书，看封面：《抗日战争胜利后的时局和我们的方针》，另一本是《关于重庆谈判》。他如获至宝般地出了屋。

14. 北平颐和园 日

深冬的景象。湖水结冰，无叶的柳条沉睡着，衰枯的黄草，游人很少，一片凄清。

石觉身着便装，青色长袍，外罩赭色暗花马褂，头戴灰呢礼帽，一副宽边墨镜，脚着蓝呢便鞋，手拿一根文明棍，一派高雅之气。身边是一个副官和一个警卫。

石觉漫步走上一座小桥，（字幕：国民党十三军军长石觉）他举起文明棍指着西山，向走上小桥的老先生说道：“此山上若建一亭，满园风光，尽收眼底。”

宋先生：“登东山而小鲁。”

石觉：“宋老先生乃热河名士，对避暑山庄还有研究吧？”

宋先生："粗知一二而已。"

石觉："愚下一事不明，望先生赐教。"

宋先生："石将军儒风盛溢，雅量高致，何来如此谦逊？"

石觉："避暑山庄坐北山之亭，何名南山积雪？"

宋先生："卑下随见，乾隆有言此意彼之意。"

石觉："观南山积雪，须登北山之亭；幸承德之别枢，总京都政要。"

宋先生："亦可控揽北蒙、西藏、青海、新疆枢机。"

石觉："无为之中有所为也。"

宋先生："圣祖、高宗乃帝王英杰，削鳌拜，翦三藩，抗白俄，平准噶，满八旗之弱族，兴华汉之盛年。当今之肉食者，不知如何探其微索其精也。"

石觉："承德，北平之门户；山庄，王者之宝榻。于其日后归属，不知先生有何预见；于其经略，有何高见？"

宋先生震惊之状，"啊？石将军食中有鱼，觊觎熊掌？"

一名参谋匆匆追上来，"军座，军需处白处长电报。"

石觉："念！"

参谋读电文："国防部补充我军坦克 28 辆、各种火炮 230 门，炮弹 6 万发、水压重机 1000 挺，汤姆冲锋枪 5000 支、子弹 6000 箱等，已运抵古北口，分发事宜请军座示下。"

石觉忍俊不禁："好哇！老头子终究心里有我这门生。"

15. 八路军驻地屋内 日

董存瑞和战士们仨一堆两一伙地读着那两本书。董存瑞念着："当全国规模的内战还没有爆发的时候，人民中间和我们党内的许多同志中间，对于这个问题还不是都认识得清楚的。因为大规模的内战还没到来，内战还不普遍、不公开、不大量……"忽然声音大了，"按照蒋介石的方针，是要打内战的……蒋介石他左手拿着刀，右手也拿着刀。"

张六金："他拿刀杀谁？书上说了没有？"

董存瑞："别急。"他先小声念，忽然声音大了，"有了，毛主席这么写的：他要拿刀杀谁？要杀人民。"

张六金："老蒋这个狗蛋操的，打日本他孬种，打自己人倒他妈挺英雄。”

董存瑞：“毛主席还有话呐：‘中国人民也有手，也可以拿刀，没有刀可以打一把……’为了自卫，为了保卫解放区人民的生命、财产、权利和幸福，我们就只有拿起武器同他作战。”

16. 颐和园 日

石觉等人继续游园。

宋先生：“石将军，如此说来，《双十协定》是变戏法里的遮眼布。”

石觉：“哈哈，哈哈。宋先生终究聪明人。自古以来，天无二日。中国只能一主义、一政党、一领袖。”

宋先生：“那为何又接毛泽东去和谈呢？”

石觉手伸过来握宋先生手在自己腰间摸了摸。宋骤然抽手，像挨了咬似的。石觉又哈哈大笑起来：“宋先生，衣里衣外，大有所异。”

宋先生：“恕在下斗胆直言。”

石觉：“请宋先生直言。”

宋先生：“战火再起，非宋某力所能止。但望石将军念中华文脉所续，日后攻占承德，务保避暑山庄免遭战火。日倭拆德胜门宫殿砖木，盗文津阁图书，窃外八高铜佛，伐二百年松柏，蛮不及兽，野不亚畜。保守中华文明，诚为万世之德也。”

石觉：“请宋老先生勿虑。我石某亦炎黄子孙，虽不求生之扬名四海，但求免死之遗臭万年。”

17. 接16

董存瑞和战士们看那两本书。

董存瑞：“栓柱，你还真说到点儿上了，老蒋还真是头拉磨的瞎驴。”

刘福全：“怎见得？”

董存瑞：“毛主席这里写的是：‘国民党怎么样？看它的过去，就可以知道它的现在；看它的过去和现在，就可以知道它的将来。’这还不是说老蒋离不了打内战的那条道儿。”

刘福全：“七十二变易，本相一变难呐。”

高指导员走进屋：“同志们议论得挺热烈呀。”

刘福全让指导员坐下来，指着董存瑞手里拿的书上的两个字问：“这两个字咋念？”

高指导员："针锋。""针锋相对，寸土不让，就是说蒋介石要来侵犯解放区，我们就一点儿也不客气地消灭它。毛主席不是说吗，来得多就多消灭，它就舒服得多；全部来，全部消灭，它就彻底舒服了。"

董存瑞："几个中央军到咱们南山堡抢东西还打死了宋老爹；你们拉出民兵揍他狗日的就对了。"他冲着刘福全说。

刘福全："那会儿咱不懂这道理呀！"

董存瑞："指导员，毛主席看出来蒋介石要打内战的狼心来啦，干啥还去重庆跟他谈判？"

指导员："毛主席不是说问题是复杂的，我们的脑子也要复杂一点吗？虽说他请你和谈是假心假意，可你要是不去，他就把破坏和平的屎盆子扣在你的头上；你要是去了，他再挑起内战，这盆屎就给他自己预备了。"

大家都恍然大悟的样子。

18. 练兵场 日

推出八路军战士练射击、拼刺刀、摸爬滚打的几个场景。

19. 接前场。战士们练习投弹，一个大个子投得很远，别人都赶不上。

董存瑞左手练习投弹，使尽力气也投不远，脸上一副急躁的表情。

王万发走过来耐心指导，做示范，讲解。董存瑞认真学看，但仍然投不远。

20. 练兵场 日

梁连长给战士讲话，"同志们，我们 8 年抗战，牺牲了多少人才把小日本赶走！全国人民都希望和平，可老蒋明面和谈，暗里备战。他把刀按在我们脖子上，我们能等着他砍吗？"

众："不能！"

梁连长："对！他们有美国的飞机大炮，我们有小米加步枪，要打垮他的飞机、大炮，就要有硬功夫、真本事。这硬和真是从哪儿来的？练来的！"

高指导员接着讲，"大家都知道西游记里的孙悟空，火眼金睛，哪儿来的？不是老君炉里炼了七七四十九天吗？咱们也练它 49 天。平时多流汗，战时少流血！”

21. 天将破晓，星星闪闪发光，练兵场上一个不高的战士用左手练习投弹。他把一堆手榴弹投到那边，又从那边投到这边。他热了，就脱了棉袄。

22. 夜晚，朦胧的月色，这名不高的战士还在练习投弹。

23. 中午，刮着大风。董存瑞迎风投弹，每投时脸上露出痛苦的表情，左臂不灵活，弹落点越来越近。

梁连长在远处看了一会儿，近前，听董存瑞嘴里叨念着：“我就不信，追不上王大山！”

梁连长：“我看看你的胳膊。”

连长捋起董存瑞的袖子一看，胳膊已经红肿。小臂上有一行蓝字，梁细心看着：“练得硬功夫，保卫解放区。”

梁连长和董存瑞对练了起来。

24. 晚上，梁连长端一盆热水来到董存瑞的宿舍，用毛巾给他敷胳膊。小臂上依稀还有一行蓝字。

梁连长：“硬功夫也不是一天两早上练出来的！”

董存瑞：“狼闯进咱们解放区了，怕是不给咱们功夫！”

25. 中央军训练场上 日

士兵在练习刺杀。一团长带着副官、连长在一边看着，一个大个子兵刺得有力、灵活，连连战胜对方。

团长对连长说：“你去跟他刺！”

连长戴上头盔和护胸，拿起木枪同大个子刺了起来。两个人对峙了一会儿，连长突然吼了一声，快速冲了上来，大个子向左闪得很快，连长扑了空，大个子左手收，右手推，枪托击在连长左肩上。

团长看得颇有兴致，也下了场。第一回合，团长就失利了。第二次团长振作精神，两个人转了几圈，谁也不先出击。大个子挂“免战牌”，团长不依。突然团长向大个子左右中轮番刺了几枪，都被挡开，在团长泄劲的时候，大个子出击了，团长战败。

团长变了脸色，把头盔和护胸扔在地上，悻悻地走了。

围观的士兵有的向大个子伸大拇指，有的吐舌头。大个子一脸茫然的样子。

26. 八路军训练场 日

四周有彩旗招展，坐北朝南有一座台子，台后悬一条横幅，上写四个大字：练兵比赛。台两边各立一木牌，上书：平时多流汗，战时少流血。台上一排桌子后面坐着领导。

台前左是刺杀场，场边有一排草人。董存瑞和一些比他高一些的战士对刺。他个小灵活，左突右退，动作干净利索，博得周围人直叫好，也有评论指点的。董存瑞先出击，逼得对手连连后退，全部以胜利告终。周围爆发出一阵掌声和叫好声。

27. 右面的投弹场上 日

一排人站在前面等着投弹，董存瑞在队列中，个头偏低。

侧面一名干部手执簿子点名，“高成。”

一名战士：“到。”助跑，投弹。

前面报来：“45 公尺。”

依次点名：刘永亮、张六金、黄生、王大山……

王大山投完，前面报来 55 公尺。周围有人说：“王大山第一名喽！”有的给王大山鼓掌。王神采飞扬。

又叫了几名之后：“董存瑞。”

“到！”董存瑞出列，左手拿起手榴弹，甩了两圈臂，有人小声说：“左撇子。”刘福全大声喊：“四蛋子，露他一手！”董存瑞向前跃了两步，手榴弹在空中划了一个大弧，落在了最前面。周围有人叫好。

“58 公尺。”

欢呼声更响亮了。董存瑞得意地归队。

28. 中央军驻地 傍晚

拼刺得胜的那个大个子兵在屋前正擦枪，嘴里哼出小调。连长走过来：“过来！”

大个子站起来愣怔地走到了连长跟前。

连长从牙缝里往外蹦话：“你他妈的蠢猪！”给了大个子一个耳光：“跟团长逞什么能！”

大个子晕头转向。

副官向院外走去的背影。

29. 山头上 日

国民党军在修碉堡。敌团长用望远镜在瞭望，镜里出现一条河，河岸各有一个村庄。

团长：“一营长，带你的人把后桥梓的八路赶走。我的驻地旁边，哪能容共军插足？”

敌营长：是。

30. 乡间公路 日

我军急行军，烟尘弥漫，杂沓的脚步。董存瑞扛着枪跑在前面，喊着：“快跑啊！三营被包围了。”队伍的前面出现一条河，战士们刚下河，对岸射来密集的枪弹。战士们退回来伏在地上。投弹，射击。弹落在河中。

伏地的董存瑞机警地观察四周的地形。他猫腰跑到王大山身边，小声说了几句话，就往身上的袋里装手榴弹，然后退到村里。

31. 接前场。靠近对岸一块突出的陆地上，有人向对岸投弹。镜头拉近：董存瑞和王大山将两个手榴弹捆起来，向对岸机枪掩体投去。

机枪哑了。董存瑞跃起回身高喊：“同志们，冲啊！”

我军冲过河去，敌人溃逃。我军打扫战场。

32. 接前场。战士们在村外的空场上吃饭，周围有群众和儿童看着。一小孩蹲在地上摆弄一颗手榴弹。突然手榴弹“嗞嗞”地冒起了烟。战士惊喊：“危险！”

第三集完

第四集

1. 前桥梓子村打谷场上 日

小男孩摆弄手榴弹，手榴弹“嗞嗞”地冒起了白烟。

董存瑞扔下饭碗，大叫“危险！”一个箭步向小孩冲去。正蹲在地上吃饭的战士都大吃一惊地扔下饭碗，站直身子，大张嘴巴。

董存瑞飞快地抄起手榴弹，奋力扔出去，另一只手猛地按住小孩脑袋，用身子压倒他并趴在上面。

“轰”的一响，远处升起了一股烟尘。

孩子父母、群众向这里跑过来，战士们也围上来。董存瑞拉着小孩起身，拍打着身上的土，腼腆地笑了。

2. 驻地炊事班 日

三口装小米饭的锅，一口菜锅并排在屋前，热腾腾地冒着气。炊事班战士做着开饭准备。

老秦班长（40 多岁）叼着旱烟袋锅，上面挂着一个烟荷包，美滋滋地深吸着，满脸胡茬，皱纹清晰可见。眼望着正向炊事班走来的生龙活虎的战士，露出了笑容。

董存瑞手拿盆,身后有刘福全和战士各拿一盆,后面三三两两的战士。

“老班长，啥好吃的？”董存瑞老远地扯开嗓子喊着。

“小董，馋虫又叫了？”老秦宽厚地笑着说。

走到菜锅前的董存瑞把手伸向锅，做出要捏菜的样子。老秦一勺子抢过去，嗔怒地说：“小馋嘴，老实点儿，又想吃头一口了。”

“嘻嘻，老班长，肚子咕咕叫，等不得了。”董存瑞顽皮地说。

战士们纷纷到了饭锅前。

老秦挥了挥勺子，“开饭！开饭！”，对着董存瑞一伸手，“来，投弹英雄，先给你们班盛。”

董存瑞回头朝刘福全挤挤眼，悄声说：“你们去打饭，我打菜。”转过身套着近乎，“老班长，多犒劳点儿！”说着递过盆子。

老秦稍一犹豫。董存瑞马上拍着老秦的肩膀，“奖励先进，老班长多来点儿。”

其他班战士发出嘘声，“神气啥，尾巴翘天上去了？”

董存瑞一梗脖子，“牛性儿，你把手榴弹撇远点儿！”“就是啊，使劲儿往远扔！”端着饭盆的刘福全油腔滑调地插了一嘴。

其他战士不满却没再言声，默默地上前接菜、端走。

3. 班里战士们高兴地咀嚼着香喷喷的饭菜。董存瑞和刘福全露出得意的神情。六班长蹲在地上，撇了撇嘴，一副不以为然的样子。

4. 连部 夜 破旧炕桌，桌上马灯

王万发（连长）和老秦班长坐在炕桌前。郑指导员在门口往缸子

里倒水，说着话：“老秦，你说的，真能看出董存瑞的思想呢！”

王万发擦着驳壳枪，想着心事似地说：“董存瑞，是块好材料，可也得雕琢！”

老秦叼着烟袋锅，慢条斯理地说：“其实也没啥，可是要是时间一长……”。

郑指导员把缸子放到老秦面前，“对呀！小事要是不抓挠，慢慢地思想就该变了。”

王万发说：“我看，咱们给董存瑞来个自我教育，解铃还须系铃人！”

郑指导员：“哎，老秦，连长主意挺好。这样吧，你搭台唱戏，我收总！”三个人会心地笑了。

5. 炊事班 日

依然是四口大锅，热气腾腾。

董存瑞像往常一样，“老班长，真香！”

老秦：“粉条炖肉，给你解解馋。”他笑呵呵地接着说：“小董，过来帮帮忙。”

董存瑞十分高兴，把盆递给刘福全，“老班长，做啥，您说。”

老秦拉着董存瑞到菜锅前，“我到那头照料一下，你分分菜，一个班十勺，照着量分匀喽！”

“小事一桩。”董存瑞大大咧咧地把帽子向后一掀，抡起勺子，舀了一大勺。

“来，福全。”刘福全递过盆，董存瑞舀了冒尖的十大勺。

别的战士摇头咋舌，董存瑞越发不在乎的样子。

6. 镜头推移接前场

还有一个战士拿着盆等着，董存瑞使劲儿地刮着锅底，额头上开始渗出汗。

“投弹英雄，快点儿，我们班还等着吃呢！”战士揶揄地说。

董存瑞手忙脚乱，抓耳挠腮。

“要不手榴弹扔得远呢，敢情，肉吃得多啊！”战士不放弃嘲讽。

董存瑞急了，“你少说嗓子外的话！”但口气明显软了下来。

战士得理不饶人，“嗓子外顶得上你嗓子里的肉吗？”

董存瑞张开嘴，要说什么没说上来，急得一摔勺子，“我还不管了呢！”

“你不伺候，别掌这个勺啊！”其他战士跟着起哄。

老秦跑过来，“咋了？小董？”

“老班长，唔……”董存瑞委屈地掉下泪来。

“哄——”大家笑了。董存瑞气得一摔勺子，低着头冲出人群跑了。

“哎，小董——”老秦撵着叫。

7. 村外潮白河河边 午

郑指导员和董存瑞漫步河边。

柳树垂着长长的枝条，河水清清，有白鸭凫水。

郑指导员侧着身子，凝神看着河中的景色，沉浸在美好的享受中，语调柔和地对董存瑞说：“小董，你瞧这潮白河多美啊！你们家乡也有这么美的河吗？”董存瑞受到指导员的感染，充满激情地说：“有，桑干河，也俊着呐！”蹦跳着，话渐多了起来，“夏天，到河里去摸鱼，到河边去放牛，可带劲了。满山遍野的沙枣，又甜又脆；大西瓜满是沙啊！”董存瑞顺手捡起一块石片，甩向河里打起一串水花。

郑指导员：“说得是，家乡多好，还有热情的乡亲。可咱们还得离开家乡，转战南北。董存瑞你说，咱们为的啥呀？”

董存瑞蹲在河边，捡起石头，轻轻地扔向河里，激起点点水花，似有所思。

郑指导员：“小董，还是让我给你讲个故事吧！”

董存瑞惊异地抬起头。

郑指导员饱含深情地说：“1942年，鬼子大扫荡，把粮食烧光、抢光，老乡们缺粮，咱队伍也断了粮。要找到点儿粮食，难啊！炊事班一个同志出去筹粮……”

镜头切入：大雨倾盆，泥泞的山道上，一个八路军战士背着一小半袋粮艰难地顶雨前进。河水湍急，战士在急流中倒下，死死地抓住粮袋，滚了几下，用力挺直身子，抓紧树枝爬上岸。大口大口地喘着粗气，又一步一步地向山上爬去。

转换镜头：一农户屋内，那个炊事班战士正在给战士们递饭碗，

战士们用筷子挑着稀薄的粥，舔嘴拨拉舌。

转换镜头：几个战士到盆里盛饭，发现早已空空，不禁敲打起饭碗，面露失望的神色。忽然几个战士头凑到一起，嘁喳了一阵儿。

转换镜头：傍晚，一小屋内，油灯如豆，那个炊事班战士正蹲在地上，背对着画面。小屋外，两个战士扒着门缝努力向里看。屋内，那个战士略微一转身，影影绰绰地可看到他嘴里在嚼着东西。屋外，一名战士猛地拽开门，快速冲到炊事班战士跟前，劈手夺过一个大海碗，另一名战士用手捏住碗里的东西往嘴里送，咀嚼了几下，面呈苦涩状马上吐出来，愣住了。炊事班战士站起身来，憨厚地看着两个战士。两个战士眼中涌出泪花，一齐上前，紧紧地攥住了炊事班战士的手。

转回：郑指导员缓慢深沉地说："这个炊事班战士就是咱们秦班长。"

董存瑞惊异而充满敬意地站起身来，"秦班长！"

郑指导员趁热打铁，"在咱们队伍，正是有这样的同志，有这么一种精神，不管大家从哪里来，都像兄弟姐妹一样，只有一个心思，就是为了全中国人民的解放去战斗。"说罢走到董存瑞跟前，拍拍他的双肩，"这才是革命战士的情怀。"

音乐起（轻柔和美的旋律，插曲词另附）。

董存瑞激动地握住指导员的手，"指导员，我明白了秦班长为什么是共产党员，我知道该怎么做了。"

伴随着插曲歌声，指导员和董存瑞并肩向前走去。

出现与插曲词内容相配的画面。

8. 出现国共双方各战场交战场面，炮火隆隆，飞机轰炸，人民解放军英勇反击。

（旁白）1946 年 6 月 26 日，蒋介石背信弃义，撕毁《停战协定》，在东北、华北、华东等地区向解放区发动全面进攻，狂妄叫嚣三个月消灭人民解放军。尚未完全停息的战火又肆虐地燃烧起来。

9. 八达岭长城下 日

远处是蜿蜒起伏的山峦和依山势修筑的长城，垛口闪着清冷的光。

山脚下一高宅大院，院外有全副武装的国民党军士兵站岗，时有军用吉普驶来驶去。

10. 大屋内　日

前面是硕大的军用地图、帷幕。

长方形会议桌，上铺绿色军毯。两边端坐着国民党五十三军高级将佐，有的在悄悄议论着什么，脸上充满兴奋神态。

“军座到！”威严的一喊，一名四十多岁的壮年军人阔步进屋，脸上自有一股威势，扫视下属，沉郁有力地说：“请坐！”坐到椅子上，顺手摘下白手套。众军官落座。

“总裁训谕！”军官立起身，其他军官重又站起来。“勘乱大业，计日可待。张家口扼敌要津，兵家必争。着令你部迅猛推进，与西线傅作义兵团东西夹击，聚歼共匪，收复张家口。成功之时，另行嘉勉。”

壮年军官向众军官压了压手，示意落座，又回头挥了挥手。参谋长走到地图前，指画着地图标记：“诸位，处于我军攻击正面的是共军冀察热肖克部，不容轻视。我军当以优势火力开路，辅之以大胆而有力的进攻，摧毁敌军意志，攻占张家口，不负总裁厚望。请看，延庆正横在八达岭和张家口之间，攻下延庆，张家口唾手可得。”

11. 公路上　日

国民党军行进场面，天上有飞机掩护，地上有坦克、大炮、各种车辆，烟尘滚滚，场面浩大。

12. 延庆城外　日

镜头由延庆城全景，推至城东，展示我军战前准备，壕沟鹿砦、铁丝网密布。

冀热察军区二十五团指挥员作战部署。

团长：“同志们，延庆是张家口的门户，军区命令我们建立起纵深防御体系，全力阻击西犯之敌五十三军。”

手向前指：“大家请看，那个小高地前冲明显，事关整个防线，三营要像钉子一样钉在那儿。”又换个方向，“小屯村是敌人进攻的必经之路，二营卡紧关口不放过一个敌人过来，一营为团预备队。”

参谋长：“敌人是美式装备的五十三军，炮火猛烈，告诉战士们要有打恶战的准备，多挖防空洞和猫耳洞。”

13. 小屯村东　小山上　日

山下一条简易公路，转弯处有一山梁。

山上四面是一米多宽、一人多深的战壕，北边山梁有猫耳洞，南边是射击掩体，战士正在挖战壕。

张六金：“老蒋到底忍不住了。”

董存瑞使劲儿地抡着镐：“还是毛主席看得准。”

战士甲：“董存瑞，你那木棍还真数着了。”

董存瑞：“这回，咱们给他报销喽！”

战士乙：“刘福全，回家种地可就打不上仗了。”

刘福全急头白脸，“你少挖苦人，谁要孬种谁好看，咱得试试看。”斜眼看了董存瑞一眼。

董存瑞、张六金、刘福全稍一停顿，大笑起来。其他战士不知怎么回事。

“说真格的，这中央军要看桥梓村那个熊样，不禁敲打。”一名战士说道。

“老蒋他是猴子摘月亮——想得美！”董存瑞狠劲扬了一锨土。

土差点儿都撒到王万发排长身上，“嗬，劲头真不小。可也别小瞧这五十三军，它可是老蒋的王牌哪！”

董存瑞抹了一把汗，“连长，你一百个放心。到时候，就多给咱们预备手榴弹吧！”

大伙干得更加起劲了。

14. 阵地上 日 空中，敌人飞机由远而近，炸弹落下，碎石横飞，烟尘弥漫。

猫耳洞内，战士怀抱枪，侧耳听着炸弹爆炸。

敌人炮火延伸射击。

十多辆坦克一字排开，后面一队队士兵，气势汹汹地向上攻来。

王万发手枪一挥，战士们纷纷拥入战壕，架上机枪、步枪，拧开手榴弹。

山坡上，敌人的坦克越来越近。

战士：“坦克，大家伙！”

董存瑞：“炸它个龟儿子！”

王万发：“先打后面的步兵！”

我军射击敌坦克后的步兵。

坦克轧过来，战士甲勇敢地跃起身甩出一颗手榴弹，落在铁壳上，滚落地上爆炸。坦克上机枪扫射，鲜血从战士胸口涌出，战士甲牺牲。

董存瑞盯着坦克，忙把几颗手榴弹捆绑着。

又有一名战士跃出战壕，匍匐上前，奋力扔出两颗手榴弹，在坦克上爆炸，坦克没受损伤，凶狠地向前冲过去。张六金突然抱着一捆手榴弹跃出战壕，滚翻着冲向坦克。董存瑞惊叫“小心！”，也跃出战壕。张六金刚要起身，一枚子弹打过来，扑倒在地。董存瑞赶紧上前救助。张六金艰难地抬起沾满血土的脸，仇恨的怒火盯着轧过来的坦克。董存瑞忙端枪射击，打在坦克上火星直冒。张六金猛地一拉导火索，迎着坦克滚了过去，“轰”的一声，火光闪现，董存瑞惊呆，坦克歪斜在一边。

15. 阵地上，敌军已退下山，阵地前沿七八辆坦克横七竖八地倒卧着，火苗子扑啦啦地蹿着，出奇地寂静。

董存瑞、刘福全等战士来到张六金炸毁的敌坦克前，一个小锁子系着红绳抛在坦克边上，格外显眼。董存瑞捡起来久久地盯视着。

（画外音）“四蛋子，快过来，他们欺负我。”“四蛋子，火药搁到桌子上，线怎么拉呀？”“董存瑞看，六金留下的。”

董存瑞突然跃起，手端卡宾枪向坦克猛射，“蒋介石，我操你姥姥。”

刘福全：“六金，咱一定给你报仇。”

16. 战壕猫耳洞内 夜

战士们一个个酣睡的脸，王万发一一查看着。董存瑞摆弄着小锁子。王万发轻轻拍打着董存瑞的肩膀，“战斗就有牺牲，要把这一切记到敌人身上。”董存瑞点了点头。

17. 连续出现战斗场面——董存瑞准确射击，猛扔手榴弹，冲锋等。

18. 字幕：第十天

离前线较远的一个村镇，国民党军师部。

敌师长焦灼地在地上踱步，一片忙碌，电报声滴滴答答。

敌参谋长：“师座，军长来电训示，再夺不下延庆，军法处置。”

师长烦躁地说：“够了！来人，传令，以团为单位发起集团冲锋，团长亲临前线督战，后退者就地枪决。”说着顺手抄起一把冲锋枪，扣上钢盔，冲出师部，“我他妈就不信拿不下一个延庆！”

敌参谋长伸手拉师长，“师座，这是您的指挥位置。”

师长像没听到一样，狠劲儿拽开吉普车门，“上前线！”

19. 阵地上，弹坑累累，树枝全部已光秃秃，有的地方冒着硝烟，山上军旗一条一缕的，被战火熏黑。

20. 山下，密密麻麻的国民党军士兵，排成一个个方阵向我军阵地拥来，黄色队伍中，有不少军官摇晃着手枪。最后一排，十几个司号员齐刷刷地挺身站立，十几个军号，红缨飘飘，一齐吹响，声音响彻山谷。

21. 山上，我军战士吃惊的脸。

王连长：“敌人发疯了。同志们，不要慌，放到近处打。”

董存瑞默默地拧着一颗颗手榴弹的盖子，嘴里叨念着：“来得多，打得过瘾。”

“打！”王连长一声令下，机枪喷射火舌，双方互有伤亡。

冲在前面的敌人倒下，后面的又冲上来，有的回转身，军官用枪逼回。

战斗呈白热化，反复地争夺着一个个阵地，呐喊声响成一片。

一股敌人拥上六连阵地，双方展开白刃战。坡上，董存瑞勇猛异常，一连刺倒了几个敌人，惊恐的敌人开始向后退。这时，敌军一个大个子（衣自强）用熟练的刺杀动作刺倒我几个战士，又十分骄横地向董存瑞刺来。

董存瑞拼红了眼睛，一瞄大个子，不由得冷静下来，端着枪跟大个子你上我下地兜了两圈。大个子先发动进攻，董存瑞守住门户，来往了四五个回合，董存瑞细心地寻找着大个子的破绽。（脑中出现了武松打虎的形象——旁加一小画面。）又转了两下，大个子愤怒地叫着，急不可耐地来了一个冲刺，董存瑞灵巧地向边上一跳，大个子扑了个空，董存瑞顺手一枪托狠狠地砸在大个子后腰上，大个子来了一个狗啃屎。

董存瑞转过身，高喝一声：“缴枪不杀！”说罢钢枪高高举起要向下刺。大个子忙举起手：“共军饶命，我投降！”

这个山头上的敌人溃退下去。

22. 另一山头（五连阵地）一股敌人耀武扬威，枪声稀落。

23. 六连阵地

“排长，五连阵地要丢。”一战士喊着。

排长一副焦急的样子。董存瑞说：“排长，咱斜插过去抄敌人后路。”排长正要说话，一颗炮弹呼啸而来，排长震昏在地。“排长！排长！”战士们围过来。刘福全急了，“快，来不及了！”董存瑞猛地一扬手，“跟我来！”七八个战士提着枪向敌人后面冲去。

24. 五连阵地上，很少的战士和敌人肉搏，敌人不断向上拥。

突然，敌人背后手榴弹爆炸，机枪射击，敌人一下子乱了阵脚。五连战士乘势反击。董存瑞等人攻上山，敌人溃退。五连长紧紧握住了董存瑞等人的手。

25. 残酷战斗后的战场

尸横遍野，枪支四散，我军战士包扎伤员，押送俘虏，董存瑞和班长匆匆地向连部方向走着。另一面刘福全等人正把大个子敌人等向后方押送，大个子拿眼四处巡视，寻找着什么人，突然叫起来：“我不下去，我非见见那小个子不行。”拖着迟迟不走。刘福全说：“哎，邪乎！还有这么讲条件的俘虏呢！好好！”刘福全递给大个子一根烟，“你说说，干吗非要见他？”

大个子接过烟，咂摸着嘴，“我衣自强，勇冠三军，练兵时团长都败在枪下，人送绰号‘一支枪’，怎么也想不到今个儿败在这个小个子枪下。”众战士哄堂大笑。“我非得再跟他较量较量。”大个子不服气又满含敬意地说。

26. 连指挥所，王连长和郑指导员正一边仔细听着董存瑞和班长说着话，一边点着头，“六班长，董存瑞，你们的想法非常好，敌人发疯，咱们也给他来个晚上睡不安生。”郑指导员：“要偷袭成功，关键在出其不意，你们先回去找个向导。我们马上向营里报告，咱们就狠狠打敌人一下。”

董存瑞和六班长敬礼，“是！”

27. 阵地后山坡，战士还在围着“一支枪”，不时传出大笑声。董存瑞老远看到，“刘福全，你们干啥呢？”

刘福全一听，赶快转过身，“董存瑞，快过来，你那冤家对头不见你不下山，非要跟你较量较量。”

董存瑞一愣，对班长说：“冤家对头？走，看看去。”两人快跑到大个子跟前。

大个子站起身，渴望着看董存瑞，看得董存瑞心里直发毛，“哎，你呀？班长，这就是跟我拼刺刀的那个大个子。”

衣自强伸出手，“我叫衣自强，绰号‘一支枪’，小兄弟，我真佩服你，我要留下当你们的兵！”

董存瑞转向班长，“指导员不是让咱找向导吗？我看，让他立个功再收下他。”班长点点头，“请示一下连长和指导员，我看行。”董存瑞对衣自强说：“衣自强，当兵行，不过你得先帮我们做一件事。”

衣自强双脚一并，一个敬礼，“听长官吩咐！”

大家都笑了起来。

28. 山道上 夜

一队我军战士悄悄地接近一个村落，大个子指指点点。

村中隐蔽处，有敌人一门门大炮阴森森地立着。

我军战士逐渐逼近，董存瑞和大个子朝敌一哨兵摸去，一个饿虎扑食把哨兵按倒在地，排长一挥手，战士们鱼贯冲入。

“轰”“轰”几声巨响连续传来，火光冲天，敌人惊恐地从村子屋中跑出。我军战士猛烈射击。董存瑞奋力地投出手榴弹，大个子也讨好似的紧跟着董存瑞。敌炮兵阵地一片火海。

“撤！”一声令下，战士们撤出，董存瑞不失时机地又甩出两颗手榴弹。

29. 字幕：第十五天 清晨

迷雾笼罩，阳光暗淡，一片寂静。

六连阵地的后山坡上，炊事班长老秦和一个炊事员各挑一副担子向山上走来，老秦还叼着烟袋锅，挂着烟荷包。

董存瑞从战壕中探出身，“老班长，我去接你！”说着便跑出战壕。

突然，一排炮弹呼啸着飞过来，后山坡上，烟尘顿起。董存瑞一着急，“老班长！”努力在烟尘中寻找。

老秦班长担子歪斜到一边，于是弯下腰去捡拾散落在地上的馒头。

“轰”又一颗炮弹爆炸。老秦军服裂开了道道口子，血流了出来，双手僵硬地抓捏着三个馒头，滴滴鲜血渗进馒头中，烟袋锅和烟荷包甩在了一边。

董存瑞冒着炮火不顾一切地冲过去，战壕中又跑出几个战士。

"老班长！"董存瑞趴在老秦身边，慢慢地扶起他，眼泪不自觉地流出。

老秦费力地睁开眼睛，"小董，不要哭，快，快把馒头捡起来送——送到前沿！"吃力地把三个馒头塞给董存瑞，头一歪，靠在董存瑞身上。

"老班长！"董存瑞撕心裂肺地喊叫着。

30. 阵地上 日

老秦静静地躺在战壕里，王连长和郑指导员及战士们围在身边，董存瑞趴在秦班长身上痛哭失声："老班长，我还要帮你分菜，你醒醒呀！"战士们用衣袖擦着眼睛，手里拿着的馒头谁都没有吃一口。连长、指导员带头脱下帽子，低头默哀。

31. 阵地前沿

"敌人又进攻了！"一名战士喊道。

董存瑞跃起身，抓起卡宾枪，疯了似的冲上阵地，向敌人猛烈射击。

战士们仇恨愤怒的脸，狠狠打击敌人。

敌军纷纷溃逃。

（旁白）延庆保卫战，我军顽强阻击敌五十三军 15 天后，遵照毛主席不与敌人计较一城一地得失，机动灵活集中优势兵力消灭敌人的战略部署，主动撤离延庆。

32. 阵地上 黄昏

铅云低垂，残阳余晖。

战士们默默地掩埋着牺牲战友的遗体。

董存瑞跪在一坟包前，缓慢地把沾满鲜血的两个馒头放到坟包前，又掏出烟袋锅和烟荷包放到那里。战士们低垂着头。

董存瑞缓缓地站起身来，把一个沾满鲜血的馒头捧到眼前久久地凝视，仿佛要从中看出什么东西似的，充满深情地放进自己斜背着的公文包中。

（旁白）血与火的锤炼，使董存瑞更清醒地意识到了一个革命战士的责任，更加自觉地投身于伟大的人民解放战争中。

第四集完

第五集

1. 严冬的北方山区 日

天地皆白，北风飕飕，雪花乱舞。八路军雪里行军，头、身、背包落了一层雪。

字幕：1946 年 10 月，我冀热察军分区第九旅撤出延庆后，转战在察东北、热西北一带。自然条件恶劣，部队生活十分艰苦。

脚下是半尺深的积雪。脚踩下去，人矮了一截，脚拔出来，留下模糊的一个窝。队伍过去，留下一道浅沟，一会儿又被落雪抚平了。

战士们扎紧帽耳朵，缩着脖子，抄着手，低头猫腰向前走着。呼啸的风卷着雪花往脸上摔，往脖子里灌。一股疾风卷着雪扑过来，战士们只好转身倒着走。

董存瑞拉着衣自强抢到队伍前面走，给后面的同志们挡着风。董存瑞见后面的一个小战士行走十分困难，就走过去把小战士的枪和米袋摘下来自己背上。

2. 村庄 黄昏

董存瑞等六人进入一民舍。衣自强没解下背包就仰卧在炕上，“120 里水米不沾牙，饿得我都前胸贴后背了。”

战士：“炊事班还在后头呢，二更天能吃上饭？”

董存瑞：“身上有宝，不用乱找。”说着解下干粮袋。

衣自强：“你又来哄人，破鞋破袜破军装，还有宝？”

董存瑞从干粮袋里倒出些米来，“这宝啊，解饿又解渴。”说着放在嘴里就嚼了起来。

别的战士也嚼了起来。衣自强喷地一口吐了出来：“副班长这会儿不灌米汤了，吃起生小米来啦！”

董存瑞：“要说有宝吗也不差，咱们队伍三件宝，大家猜猜看。”说完他出了屋，扫起院子里的雪。

衣自强：“这副班长哪来的精神头儿？没见他有累的时候！”

一名战士放好了背包，去给房东挑水。

刘福全不说不动，呆呆地想着什么。

房东大娘挑开门帘：“柴火给你们抱了。八路兄弟，烧烧炕吧。”

战士：“谢谢大妈。”

刘福全忽地站了起来：“我想出了一宝。副班长的意思是说咱队伍跟国民党军队伍比，到哪儿都有老百姓欢迎。这就是一宝。”

衣自强点着了火在烧炕，烧着烧着：“我也想出了一宝，咱队伍官不欺兵，兵敢给官提意见。中央军里，官大一级压死人。”

战士：“老衣你是三句话不离自个儿。”

董存瑞从外面回来，一进屋就说：“大伙再忍会儿，炊事班正买柴禾，要开伙了。”他看战士正在烧炕，“这柴火哪儿来的？”

衣自强：“房东老乡的。”

董存瑞打了一愣，然后朝大家说：“我说咱队伍有‘三宝’。”

刘福全:“我们琢磨出了两宝。一宝是人民拥护,二宝叫官兵平等。”

董存瑞：“三宝呢？”董存瑞看大伙说不上来就说：“这三宝是能吃苦，不怕牺牲。”

3. 山村街道 日

董存瑞和同屋的几个人往宿舍走着，他和几个人商量着：“下午没事，咱给房东打柴去好不好？”

衣自强：“军民一家嘛！一捆柴算什么！”

董存瑞：“要这么一家，往后就没人跟咱们一家了。”

刘福全：“人情一条河，有来有往才能活。”

衣自强：“米汤我喝多了，都灌迷糊了，明儿个我连纸条都写不了就回家去种地了。”

刘福全脸腾地红了：“那也比当遭殃军打八路军强。”

董存瑞赶紧给刘福全一个眼色抢着说：“过去的事再提不够男子汉大丈夫，谁都有迈错步的时候。爱护咱们的‘三宝’比吵嘴打叽咯都要紧。老衣，咱俩去借家什。”

董存瑞、衣自强和刘福全等分道而去。

4. 山梁上 傍晚

董存瑞和战士们蹚雪割着柴火，听到山下另一个村子有吵嚷声。董存瑞对一名战士说：“你看看去，咋回事？”

小战士：“副班长，好像有人抢粮食。”

刘福全：“这抢粮食的事怎么都让我赶上了！”

董存瑞：“有多少人？”

战士：“看不清。”

几个人都向村子方向走去，蹲在山头上向下望。看见一人又从另一个院子拉出两只羊，持枪人同后面的人推搡着。影影绰绰地听到：“老子过年还没肉呢！”“老子要不给你们保着，八路军来了都给你们赶走。”

衣自强：“这些他妈的龟孙子，专会贼喊捉贼。”

刘福全：“你这不也是贼喊捉贼。”

董存瑞急着捅刘福全，手也到了，最后一个“贼”也出口了。

衣自强：“姓刘的，你嘴可别太损了，咱当中央军不含糊，可坑害老百姓的事没干过！”

董存瑞：“再打叽咯班务会检查！现在有了任务，咱们想个办法把那几个家伙撵走，保住群众财产。”

衣自强：“咱没带枪呀！”

董存瑞把几个人拉到一起嘀咕了一阵子，然后对一个战士说：“你先回去给班长请个假，我们赶跑了就回去。”

5. 连部 日

六班长告董存瑞的状，“连长，董存瑞自从当了副班长，组织性更没了。”

王万发连长：“他又怎么啦？”

六班长：“昨儿过晌，他带了4个人跑到前沟去了，到晚上才回来。也不报告一声。夏天有一回行军，他自个儿走山路，从山上摘了一帽盔果子。”

郑指导员：“六班长，你了解他干什么去了吗？”

六班长：“甭了解，没啥正经事。”

6. 我军连部院内 日

连长和指导员听院子里挺热闹，就从屋里出来。一名战士介绍说：“这是我们连长和指导员。”

连长和指导员看见一群众牵着一头毛驴，驴身上驮着口袋，一群众手拉两只黑山羊。连长问：“老乡，你找谁？”

群众甲：“谢谢咱们队伍。昨晚上要不是你们派同志去赶走保安队，我们的粮食和羊就都给抢走了。”

王连长愣了神：“我们没派人啊！”

群众乙：“那还错得了！说是住在后沟的八路嘛！”

群众甲：“也是你们这打扮，使的是扁担枪。”

王万发：“扁担枪？”

郑指导员心里有底地点了点头：“六班长，把董存瑞几个找来！”

7. 接前场

董存瑞等几人一进院，群众甲就说：“就是他！这个壮壮实实的小个子我认得清。”说着走过来拉住董存瑞的手。

群众乙：“拿扁担枪的就是这大个儿兄弟。”说着朝衣自强走过来。

六班长难堪地躲在人群后面。

8. 部队住房 日

董存瑞：“小杨，洗洗你的衬衣，过年了嘛，不旧不记，咱要个干净。”

一名小战士：“一洗就破了。”

董存瑞缝着衣服走过来，“破了咱补补。”

房东大娘：“哟！拿枪的粗手，还捏住了针？”

小战士：“大娘，别小看了我们副班长，除了会缝衣补袜，还会劝人、哄人乐，还给我们写家信哪！”

董存瑞：“别王婆卖瓜啦！洗洗脖子，咱就去教孩子扭秧歌。”

大娘：“还会扭秧歌？真看不出你这浑身的武气！”

衣自强挑水进屋。

董存瑞：“老衣，你也洗洗衣服。”

衣自强：“是。我先帮大娘推碾子。”衣自强扛上半笸箩粮食往外走。

大娘：“你们真是好兵啊！又仁义，又勤快。”

9. 山村里 日

战士们有清扫街道的，有给老乡担柴的，有帮老乡推磨压碾的。

10. 山村里 日

村中一块空场，部队和群众围得风雨不透。场中传出唢呐和锣鼓声。

场中孩子们正在扭秧歌。董存瑞和小战士打头，两个小伙子把后。

扭得起劲时，董存瑞唱了起来：

喇叭声脆震破天，军民团结大联欢。
祝福大家一年顺，扭扭秧歌拜拜年。
哎哎嗨，哎啦哎嗨，扭扭秧歌拜拜年。

又扭了半圈，后面的一个青年唱道：

鼓锣敲来响连天，老百姓日子苦难完。
共产党领导咱求解放，八路军来了苦变甜。
哎哎嗨，哎啦哎嗨，八路军来了苦变甜。

一名民间老艺人穿着黑布棉袍，戴毡帽，手拿钢板，一名中年汉子抱三弦，唱起了京韵大鼓：

瑞雪降送福音喜到人间，
话说是一九四六年，
察北沽源小山村，
发生了天兵天将下凡间。
哎嗨嗨哎嗨嗨，哎啦哎嗨哟。
就在那腊月二十三，
乡丁抢粮忙着过年，
（以下推出相应情节的挨门挨户地把家翻镜头）
打破了缸来踢破了罐，
按倒猪拉着驴又把牛羊牵。
小山村鸡飞狗跳墙，
孩子哭，女人叫，
捆着的男人一劲地呼喊。
哎嗨嗨哎嗨嗨，哎啦哎嗨哟。
抢了粮乡丁赶着那车儿跑，
眨眼工夫就出去二里远，
直急得乡亲们眼睛发了蓝。
哎嗨嗨哎嗨嗨，哎啦哎嗨哟。
（说）：忽听得，不准动！再跑就开枪啦！
一呀么一声喊，
稀里哗啦响了枪栓，

转眼间八路军到了眼前，
扁担成了枪，石头变炸弹。
保住了粮食和牛羊，
打跑了保安队逃得一溜烟。
乡亲们欢天喜地都把佳话传，
说咱们八路军是天兵天将下了凡。
哎嗨嗨哎嗨嗨，哎啦哎嗨哟。

一个十五六岁的小伙子把董存瑞推向场内，“这就是八路军的天兵天将！”

董存瑞先是一愣，然后一副不好意思的样子。

接着刘福全、衣自强和小杨都被人推进场内。群众鼓掌。

董存瑞十分激动，不知所措地忽然高喊：“共产党万岁！”

一名青年群众跟着喊了起来：“共产党万岁！”

11. 连部 晚

王万发、郑指导员等七八人在开会。一盏油灯照着大家的脸，都是严肃、郑重的表情。王万发在抽着旱烟袋。

一人说：“董存瑞同志总有一股使不完的劲儿，看到什么需要干，就自动地去干。好像和革命的事情捆在了一块儿。比如说……

又一人说：“董存瑞同志作战勇敢，训练行军都不怕苦。我看够个党员了。”

六班长：“董存瑞同志的优点我不说了。我提点缺点：‘一次炊事班给连长、指导员炒了一盘猪心眼，董存瑞看到了说是搞特殊化。这又不是连长、指导员让炒的，再说连首长工作又那么累，生活上也该照顾。”

郑指导员插话说：“六班长，简单点。”

董存瑞红了脸，低下了头。

六班长继续说：“董存瑞同志好给领导提个意见，好像他比领导都强。”

郑指导员：“请董存瑞同志自己谈谈。”

董存瑞站了起来，郑指导员示意他坐下。

董存瑞：“我刚参军时，只认准了一个理：当兵为了打仗，打仗

就要勇敢。慢慢地我懂得了，光勇敢打仗，还不够一个真正的革命战士和共产党员的格。所以，以前我心胸窄。党教导我心里要装着人民，要装着同志，要装着解放全中国的事业。可是，我认为，炊事班给连首长炒猪心眼，不是官兵一致，就是不应该；给领导提意见也不是坏事。如果我说得不对，请同志们批评。”

六班长：“哎哎——这不还是他做得都对嘛！董存瑞同志，你虚心一点好吗？”

王万发：“给领导提意见是信任、爱护领导，当了领导也不是什么都好了，连个意见也不能给提了？”

与会者交头接耳地议论了起来。

郑指导员说：“今天我们的会开得很好，大家要说的都说出来了。董存瑞同志诚实，是怎么做的，怎么想的，就怎么说。他犯了错误，一经认识了，就坚决改正。特别是他身上好像有一部马达，有永远使不完的劲，一心扑到革命事业上了。董存瑞同志要谦虚谨慎，正确对待大家的意见，有则改之，无则加勉。现在我们举手表决。”

六班长见大家都举起了手，也举了起来。

郑指导员说：“表决通过。还有 3 个月考验期，希望董存瑞要经得起考验。”然后他带头鼓掌。

与会者鼓掌。

董存瑞激动地站了起来，“请党放心，看我的行动吧！我把这辈子都交给党了！”说话的同时眼里闪着泪花，郑重地向大家敬了个军礼。

12. 行军路上　日

太阳热乎乎的，让人发闷，山、地、路都是干燥的，给人一种干渴的感觉。

战士们嘴唇干裂，不时地舔着嘴唇，神情焦躁。有的敞开怀，脚步沉重，半天也没人说话，听着脚下单调的“嚓嚓”声。

衣自强：“好渴！”声音有些沙哑。他把身上的行军水壶拿过来拧开盖，底朝天朝嘴里倒，没水的样子。问走在身边的小杨：“还有水吗？润润嗓子。一滴答也行。”

小杨：“早上炊事班跑了那么远，等了小半夜就弄回来那一点儿水，将就熟了饭。”拿起水壶摆弄着，都干裂了纹儿。

衣自强："这个他妈的鬼地方，连水都这么缺！穷是国民党干的，这没水……"

刘福全："龙王爷和蒋介石搭了亲家，一路货。"

13. 接前场。队伍进了一个村子，战士们挨家挨户地找水，都没找到。村中有一口深井，战士们在井口看。衣自强解下口袋包，拿了几个军用水壶下了井。上面有人说："喝足了再上来！"

衣自强在井下说："喝个球！干井！"又从井下爬上来，丧气地坐在井台上。

14. 接前场。董存瑞等几个人在村边的一个场院里。院里又脏又乱，窗上用荞麦杆打的帘子遮着，冷清得像没人住一样。

董存瑞在屋外叫："老大爷！老大爷！"

没有人出来。

刘福全："老大妈！老大妈！我们是八路军，是穷人的队伍。"

衣自强："走吧！别费劲了！"

窗帘掀开一角，一张满是皱纹的黑黄脸露了出来。

刘福全："老乡，有水吗？我们找一口喝。我们一天没喝水了。"

皱脸点了点头，示意有水的意思。一会儿门开了。

战士们面前出现了令人吃惊的画面：一位50多岁的老妪，头发花白蓬乱，饥色的脸令人可怕，弯着腰，上身披着荞麦秸帘子，腰间围着一块麻袋布，干瘪得像口袋一样的乳房贴在胸前，下面是一双黑乎乎的光脚。

老妪打开门后向旁边挪了一下身子，露出一口小缸，缸里的清水发出诱人的清光。

衣自强解下背包上的搪瓷碗，快步进屋舀了水，出来喝了一口，很舒服的样子，然后把水端到别人口边。

就在衣自强舀水向外走的时候，从里面又闪出了一个年轻的姑娘，腰间也裹着一条麻袋片，上身一块破布遮在胸前，两手交叉地抱着肩膀，抓着一块披在后背的草帘。

战士和董存瑞下意识地后退了两步。

衣自强碗里的水谁也没有喝，都愣愣地站着。

董存瑞解开自己的背包，拿出了家做的半新的夹袄夹裤，送到老

妪跟前。老妪没有接，董存瑞放在锅台上，战士们解下干粮袋，送到了屋里。

15. 接前场

董存瑞和战士们走出院子。

母女跪在门栏内。

16. 字幕：1947 年 2 月，冀察热辽中央分局在林西召开第一次党代会，总结了贯彻《五四指示》的情况，学习了《迎接中国革命新高潮》的指示精神，把解放战争由解放区推向国统区，转内线作战为外线作战。

出现会场一幕：黄克诚（字幕：冀察热辽中央分局书记黄克诚）和程子华（字幕：冀察热辽军区司令员程子华）讲话场景。

17. 指挥部 晚

程子华：向我部各旅发报，命令：军区十三旅于 4 月 22 日出发，5 月 10 日到达围场克勒沟、朝阳湾子一带待命。五旅、十六旅、十七旅、十八旅于 5 月 12 日到达隆化北的头道沟、三道沟、唐三营一带，集结待命。

18. 行军路上 日

田地里有农民耕种，路边的树长出叶芽。

董存瑞和战友们行进在队伍里。

（旁白）1947 年夏季，冀察热辽军区遵照中央军委的指示，集结 5 个旅，以热河为主战场，展开了夏季攻势。

董存瑞撩起棉袄前襟擦了一把头上的汗说：“这回千里集结，几个旅聚在一起，看来有大仗打。”

刘福全：“估摸着要打热河喽！然后往西一甩就是察哈尔。该回家看咱老爹了。”他做了个往西的动作。

战士：“热河一解放，让地主倒算去的那几亩地，又该我家去收秋了。”

董存瑞把前面小杨的枪拿过来扛在自己肩上：“哎！听说承德有个大园子，时而养着狼狍野鹿什么的，要是还有，咱也练练打跑。”

满脸胡茬子的战士乙凑过来：“要说打围，还是我们围场。早些年全是大林子，虎豹熊野猪都有，专供皇上打的。”

刘福全：“打热河就跟十三军这只‘虎’交手啦！”

衣自强:“十三军跟五十三军一样,从头到脚都是一茬子美式装备,连牙都他妈镶金戴银的。”

董存瑞:“那咱们就成了打虎的武松啦!”

19. 承德避暑山庄十三军军部 日

依次展示避暑山庄湖山景色和烟雨楼、金山亭、文津阁。

字幕:承德避暑山庄

石觉主持开会:“共军集结大部队南犯,不在于同我决战,意在寻找弱点作战,伺机蚕食各县,与东北共军呼应。平泉、围场、隆化等地外围系我防区前卫,为困扰东、北屏障,骆师长、史师长、吴团长、殷副团长。

4个人站立起来。(字幕:十三军四师师长骆振韵,十三军五十四师师长史松泉,四师十团团长吴剑峰、团副团长殷学渊)

石觉:“严令你们克日返回防地,加紧戒惕,加固城防,清剿共军地方武装,确保防区无虞。我石某治军,一向有功者定重奖,失利者定重罚。”

20. 行军路上 日(接前16场)

衣自强:“哎!我给你们讲个笑话。石觉是老蒋的干儿子,老蒋和宋美龄可宠哪。一回在南京接见石觉,宋美龄伸给石觉一只手,石赶紧用嘴去亲。咦?怎么不是味?你们猜是咋回事?”

大伙都凑着听下回分解。

衣自强挤眉弄眼卖关子,“猜呀!”看大伙没说的,“原来呀,是宋美龄戴的玻璃纸手套,还用臭球熳过了。”

刘福全:“怪不得没人味呢!”

大伙哄地笑了起来。

21. 隆化城外东山 晨

字幕:5月19日

周仁杰、谢镗忠、吴瑞山、宋映观察隆化城防和地形。

字幕:冀察热辽军区十七旅旅长周仁杰、政委谢镗忠、副师长吴瑞山、参谋长宋映。

望远镜逐次推出苔山、城区、隆化中学城防工事:苔山有两峰,主峰有一古塔,四周碉堡群,向南延伸的山梁上疏密不等地排列着几

十个大小碉堡。城区：苔山脚和城区隔一条河；城区是密麻麻的青瓦房屋，长六七百米，东西宽二三百米；城中心有一大碉堡，东部外延摆布着大小碉堡；再向外是战壕，战壕外是注了水的深壕沟，沟外是铁丝网、鹿砦。隆化中学在城北，东大门两边的墙上有醒目的大字："隆化城防，固若金汤"；中学四角筑有碉堡；墙外有壕沟和铁丝网；北边是一条旱河沟。沟北一方院大门上挂着"热河省隆化县政府"的牌子。城区与东山之间是一千多米的开阔地。

敌团长吴剑锋召集士兵训话："弟兄们，共军已攻占了围场，局势紧急。大家不要惊慌。我隆化城防坚不可摧，武器弹药充足。只要我们控制住苔山制高点和中学，就万无一失。今晚二营和迫击炮连的弟兄们跟我上山，准备迎击共军。"

吴剑锋带领士兵连夜爬上了苔山，加固工事，在东坡山头上又修了迫击炮掩体。

22. 城外开阔地 夜

字幕：5月20日零点

战士伏地，注视着前面的碉堡和铁丝网。三颗信号弹升空。攻击隆化的战斗开始了。战士们炸开铁丝网，冲过壕沟，向碉堡扑去。

23. 城区战场 晨

我战士以民房作掩护向前推进，挖通房屋墙壁，逐次向前推进着。攻城部队连连遭到苔山炮火的轰击，战士牺牲，互相救护。

24. 我城区炮兵阵地 日

两门山炮，我数名战士操作发射炮弹落到山脚或河中。

领导："远射，瞄准山上的碉堡开炮！"

战士："这是最远射程。"

领导摇电话机握话筒，"指挥部，指挥部，我是炮兵营。我们的炮射程近，无法打到山上！"

敌人的炮火猖狂地向我攻城部队袭来。

25. 东山脚野外 夜

几盏马灯，几个人在召开作战会议。

程子华（字幕：前线指挥部指挥程子华）："几天作战，我军英勇顽强，不怕牺牲，打得很苦。敌人凭借苔山和凶猛的火力，顽抗死守。

下阶段该怎么打，大家提提看法。”

周仁杰：“我们虽然有优势兵力，可没有集中使用。需要增加攻击部队，对苔山两面夹攻。”

黄志勇（字幕：冀察热辽军区参谋长黄志勇）：“十三旅一举攻克围场，鼓舞了士气，可攻打隆化不能有轻敌思想。要调整部署，研究战术。”

宋映：“攻城缺乏准备，仓促临战。下阶段要必须注意利用地形，减少伤亡。”

程子华：“前指决定增加十六旅从苔山两侧攻击，十七旅继续从东面攻击，五旅十三团主攻隆化中学。我提议黄勇胜同志担任攻城总指挥。”

黄勇胜（字幕：前线指挥部副指挥）：“我对攻坚作战缺少经验，请有经验的同志指挥吧。”

程子华：“老黄，协调各部，统一作战，你来指挥吧。”

黄勇胜：“我不了解苔山西部地形，对各旅情况又不熟悉，不宜担任指挥。”

26. 战场 日

苔山东侧，我大部队仰攻，遭到山上炮火和碉堡里机枪的阻击。

我军被迫撤回城区，阵地上尸体横陈，河中漂浮着尸体，河水破染红，上空硝烟弥漫，地上草木冒烟。躺地的我军一战士手中还握着一支旗杆，上面军旗弹洞累累，烧得破烂。

27. 东山部队驻地

董存瑞和战士们在山坡上望着苔山，听着稀稀落落的枪炮声。

小杨：“副班长，这仗整整打了 7 天了，小小的隆化城都攻不下来！”

衣自强：“这仗打得憋屈。有炮打不远，有人上不去，有劲儿使不上！”

刘福全：“罗锅不是搂的，牛皮不是吹的。”

小杨抢先说：“子弹不是追的。是不是？你那一套又来了。”

刘福全：“这回你可错了！这回嘛，胜仗不是用人堆的。”

董存瑞注意听着别人的议论，突然说：“小杨，快拿铣去！”又

对刘福全等人说："快帮助捡石头。"

刘福全："拿石头做炮弹？"

董存瑞捡了几块小石头，他接过小杨的铣挖了一堆土，然后把土堆成一绺，把石头往土堆上按，按一下看一眼苔山。

刘福全："你这是堆沙盘摆苔山呀！"

大伙都围了上来。董存瑞说："咱们研究研究。"

议论迭起："攻不下苔山，干受苔山炮火的气。""正面仰攻，没炮火开路，不是白用人堆吗？"

衣自强用手把苔山和隆化中学分别围了围，说："要是把苔山和中学分割包围，困他半个月，断水断粮，看龟孙子们还有什么招！"

战士："那就是拼消耗打持久啦！"

董存瑞："看这么行不行：咱们一个连夜里偷偷地从这里过河。"他用手比画着，"沿山根向南迂回，神不知鬼不觉地从这儿摸上山，来他个偷袭。山上一得手，山下也进攻，咬住中学的敌人，别让他抄后路。"

"好主意。"几个人说。

28. 隆化中学外围阵地 夜

我一连战士突破铁丝网和壕沟，冲入院内，遭敌机枪射击，纷纷倒地，少数冲入房屋里。外面我军再次冲击，被敌碉堡内的机枪封锁在外。

野外战壕里我军一指挥员手握电话筒呼叫："指挥部，指挥部，我是十三团，我们一连已经突破中学防线，冲进去了。但后续部队上不去，请求炮火支援，请求炮火支援，炸掉中学的碉堡！"

前指挥部室内黄智勇手握电话筒，"你们炸掉碉堡！炸掉碉堡！"

"我们没有炸药，没有炸药！"

黄志勇手握电话筒，"十七旅，炮火支援中学，炸掉中学碉堡！情况紧急！""什么？没炮弹？""糟——糕！"无可奈何地放下电话。

十三团指挥员手拿电话筒神色呆滞，手臂僵直，额头渗出汗珠。

29. 屋内 夜

冲进隆化中学一屋内的我军 3 名战士，在半明半暗中 2 名战士向院中投弹、射击，另 1 名用刺刀挖墙洞，用枪托拼命地砸，挖出一墙洞，3 人顺洞逃去。

30. 东山村连部门前

董存瑞带着战士围着连长王万发在请战。

董存瑞："连长，你到团部要求要求，把咱们连拉上去！"

刘福全："阵地枪声像炒豆，预备队听响真难受。"

衣自强："听人家叮叮当当地打，心里真痒痒。"

王万发："我到团部去过了，团长说：'六连长，团里把最艰巨的任务交给你们。'我一听高兴得险些蹦起了高，赶忙说：'感谢团首长的信任。'团长说：'你得下保证完成任务。'我忙说：'那没问题，请团首长放心。'团长一本正经地说：'万发同志，回去做好工作，你们的任务是预备。'"

大伙都笑了。

刘福全："连长，咱们老大哥一个连冲进中学都让人家包了肉馅饺子，咱们再不拉上去，这口气咽不下去呀！"

衣自强："说不定是人家有意放进去的呢！"

王万发："拉上去你们有什么新招吗？要是有，我再去找团长。"

董存瑞："我们有个想法。"说着在地上画着地图。

连长和战士都蹲下来，听董存瑞说着。

王万发点着头，"是一招，我去找团长。"说着就要站起身。

"好啊，六班长还要演一出魏文长奇兵出斜谷！"

大伙听了一愣，原来营长梁岐站在了身后。

梁岐："集中大家智慧，发扬军事民主这方法值得推广。"停了停也蹲下身，用手指着地上说，"如果敌人在这里放了警戒。"

大伙又沉默了。

梁岐："我把你们的想法汇报给团首长。现在你们的任务是作好准备，随时准备拉上去。"

31. 河东岸堤 夜

我军战士伏在堤下，注视河边动静，时而射击，也时而有炮弹落在附近。

（旁白）战斗进行的第七天夜里，我巡逻队发现山上敌人下山汲水。我军封锁了河岸，双方展开夺水战。

河对岸和山脚、山坡上零散地倒着敌人的尸体和扔下的水桶。

32. 苔山大碉堡里 夜

敌一连长进来，“报告团长，共军发现我汲水人员，封锁了河边。今晚下山汲水只回来了两人。”

吴剑锋吃了一惊，“啊？缺粮再缺水，怎么固守？”从椅子上站了起来，大口吐着烟雾，踱了几步，“参谋！”

“到！”一参谋从隔墙的门走来。

吴剑锋：“立即向军部发报。”吴剑锋口授电文，“我部在苔山已固守8昼夜，挫败共军攻击10余次，共军对苔山和中学两据点束手无策。只是山上业已断粮，今夜共军又封锁了河边，汲水甚难。切望空投粮饮，饱饷军士，再振士气，击退共军。”

33. 苔山大碉堡内　夜

参谋持电文从隔墙门进来，“报告团长，军部回电。”

吴剑锋：“念！”

参谋：“嘉奖你团，官兵谐和，克战克胜，保土安疆，守隆有功。我电请国防部，奖授你青天白日勋章一枚，提升为少将师长。你的部下擢升一级，兵弁每人光洋10块。解围之日，专使送抵。所需粮饮，明日空投。”

34. 隆化上空

一军用运输机自东而西飞临隆化上空，转了两圈，向苔山上空投箱包，箱包四落。

35. 行军路上　拂晓

队伍行进，董存瑞和战友们不时回头瞭望苔山。

（旁白）我前线指挥部命令，围隆部队撤出战斗，回师朝阳，堵截赤峰逃敌。

刘福全对身边的董存瑞说：“走吧。君子报仇，十年不晚。”

衣自强：“老蒋的干儿子吧，不含糊。”

董存瑞回头又望了苔山一眼：“狗日的，等着！明年再会！”

字幕：此次攻打隆化，毙、伤、俘国民党军700余人。由于我军准备不够，缺少统一指挥，以致攻城未克，打援未成，伤亡2500余人。但为我军第二年顺利解放隆化提供了经验。

第五集完

第六集

1. 村庄 日

字幕：隆化旧屯

国民党骑兵团由远及近，纷沓的马蹄踏起烟尘。

我军利用村子房屋和墙向敌骑兵射击。

一股敌人据守一院落顽抗。两挺机枪喷射火舌，我军不能接近。

董存瑞和战士们卧倒在地。衣自强对董存瑞说："班长，我去干掉它。"

董存瑞："从左边绕过去！"

衣自强越过一道院墙。（墙高过人头）

敌机枪仍在射击。

董存瑞："注意监视，我去看看。"董存瑞绕到左面墙下，跃上墙发现了三个敌人正围着衣自强。他跳下墙，和一个敌人对刺。两个回合将敌人刺倒。这时衣自强正被两个敌人困在墙角，形势危急。董存瑞立即抢过去向一敌人刺去，结果被另一敌人发现抢了过来，把董存瑞的左腿刺伤。衣自强在董存瑞的协助下，刺倒一敌人，另一敌人缴械投降。

董存瑞左腿渗出了血，向放机枪阵地的另一个院子冲击，向上爬墙两次都跃不过去。

衣自强："班长，你腿受伤了！"要给他包扎。

董存瑞："别管我，干掉机枪！帮我一把！"

衣自强把董存瑞顶上墙头，掏出手榴弹，向敌机枪投去，连投了两颗，敌人的两挺机枪哑了。

董存瑞从墙头跌下来，两人倒在一起，脸不自主地抽搐了一下。

2. 丰宁大阁

镇中心搭了一个台子，台子上方横幅写着："冀察热辽军区第五旅庆功会"。台前我军战士席地而坐，四周是群众。在战士和群众之间有分散的桌子，桌子上有大碗和大水壶。民兵忙着倒水、送水，其中一个黑脸膛、中等个头的小伙子，格外突出（郅顺义）。

热烈的掌声响起，人们把眼光都投向台上。一位领导开始讲话：

“自从蒋介石发动的全国内战爆发以来，我们旅进行了 3 次大的战斗，数十次小规模战斗，在 1946 年严寒的冬季，我们转战在察东北、热西北一带，经受了艰苦生活的考验。我们发扬了英勇顽强的战斗作风，涌现出许多战斗英雄和爱民模范。今天，我们进行总结和表彰。”

3. 接前场。一队战士在台上，接受首长颁发的奖章。胸前戴着奖章和大红花。董存瑞胸前三枚奖章，格外醒目。引起了台下郅顺义的特别注意。

郅顺义指着台上的董存瑞对旁边的民兵讲：“你们看，那个小子三个奖章啊！”

“不简单！”一个民兵称赞着。

刘福全和衣自强分外卖力地朝董存瑞鼓掌。

4. 接前场。台上演京剧《李逵负荆》。

聚义厅。宋江坐中，旁有吴用、公孙胜、鲁智深、林冲等数人。

李逵手持板斧上。唱道：“梁山泊聚义大旗举，为的是替天行道义。李逵我今日气炸肺，怎奈得宋大哥抢了民女。”

李逵抡板斧砍杏黄旗，左右阻拦夺斧。

宋江（说）：“你个铁牛，有何等事，也不道个明白，就要砍倒我这替天行道的大旗！”

李逵（说）：“宋三黑子！众位兄弟，听我细细地说来：唱：‘叫一声宋三黑你莫逞雄，你坏了梁山好名声。清明节你下山把事定，抢了杏花庄的满堂娇，做了压寨夫人，还赖账隐真情！’”

宋江（说）：“铁牛！何有此事？咋得信口胡吣！”

李逵（说）：“黑三郎，我问你，想当初，众家兄弟竖起替天行道的大旗，为的是反倒它贪官污吏，解救天下受苦百姓。今已威震山东，令行河北。你霸占民女，害苦黎民。你不爱民，民咋可拥军？咋可拥军？”

观众笑声，掌声。

李逵（唱）：“寥儿洼水无边大，行舟覆舟都是它。没民心者没天下，军队百姓是一家。”

5. 接前场。战士和民兵举行摔跤比赛。

解放军队伍里的王大山站在场中，民兵队伍里一个敦实的矮子上了场。小个子民兵胳膊短，几次想抱住王大山的腿，都没得手。王大山动作慢，几次想抓住民兵也没抓住。民兵围着王大山转了两圈，猫腰冲上来使了个黑狗钻裆式，险些将王大山扛离了地，周围一片叫好声和鼓掌声。王大山使出骑马蹲裆式，身体一下降，两手掀起民兵一条腿，民兵趴在了他的裆下。

掌声稀稀落落。

民兵队伍商量了一下，一个身材稍比王大山小一点的民兵上了场。这个民兵有些急躁，一上手就进攻，两个人抱在一起，都抱住了对方的腰，使劲煞，但都弓着腰不让对方煞紧。观看的人喊："使劲——使劲——"

部队战士有的叫"民兵同志加油"。王大山使了个绊子，大个子民兵倒下了。

王大山拉起倒地的民兵，得意地站在场中。

民兵队里几个人推郅顺义，"你试试。"郅顺义在众人的怂恿下上了场。

大家看郅顺义不高不矮，其貌不扬，还有些腼腆，鼓掌不热烈。

郅顺义不紧不慢，不主动进攻，和王大山周旋了一阵子。王大山气喘吁吁，几次想抱住郅顺义，都让对方闪脱了。

场外开始了议论："这小子有两下子。"

刘福全："蔫人出豹子。人不可貌相。"

正说时，王大山一个没留神，让郅顺义抱住了右腿，只有左腿站地。

董存瑞大声喊："民兵同志往起拱，站起来！"

郅顺义拱了几下，都让王大山给摁住了。

董存瑞又大声喊："往前拱！往前拱！"

郅顺义往前拱了两次，王大山单腿向后蹦了两步，身子已不稳了。郅顺义趁势又拱了两下，王大山仰倒在地，郅顺义也倒在了王大山的身上。

场上掌声响起，还有叫好的。

郅顺义和王大山站起来拉了拉手，各自归队。

董存瑞绕到民兵队里，拉着郅顺义出了人群。

刘福全拽下腰间的竹板，边打边走进场，数起了来宝：

竹板打响一阵风，

咱们是人民子弟兵。
子弟兵和人民一家亲，
帮助大众闹翻身。
子弟兵和人民心连心，
打倒老蒋拔穷根。
子弟兵和人民力量大，
团结起来打天下。

6. 驻地民房内　日

董存瑞和郅顺义进来。董存瑞向战士介绍：“这是刚参军的郅顺义同志，大伙认识认识。”

战士们露出吃惊的表情。

刘福全：“啊？是你？你的跤摔的可不孬呵！”

郅顺义有些不好意思地张了张口。

衣自强：“还不是肚里揣了崽儿再入洞房——有底垫了。”说着抓住起郅顺义的手就要掰腕子。

刘福全指着衣自强向郅顺义说：“这是咱们班的‘一支枪’，军事科目硬，是中央军给咱补充的。”

郅顺义不解其意。

衣自强先有些难堪，停了停，看着刘福全说：“这是咱们班的俏皮话财主，两次参军的‘刘铁嘴’。”

董存瑞：“以后咱们都是一个家里的人，一个锅里盛饭吃，不管新兵老兵，都是阶级弟兄，只有一条心思，就是打倒老蒋，解放全中国。”

衣自强：“班长到底是党里的人，话说得大方中听。”

刘福全：“不说灌米汤了？”

衣自强：“咱还不都是跟着师傅会手艺，守着锣鼓会唱戏。”

董存瑞从背包里找出一套半旧的军装对郅顺义说：“咱队伍里新军装一时运不来，先换上这个。”

郅顺义换了军装，挺精神。董存瑞端详了一下，发现他脚上的鞋露着大脚趾，又拿出一双新鞋说：“把这鞋也换上。”

郅顺义看了看董存瑞脚上的旧鞋为难了，“班长，我这鞋还能对付，缝缝还能穿。”

董存瑞向前靠了一步，说：“咱脚上的鞋不能对付，要赛过中央军的汽车轮子。”

刘福全：“比汽车轮子还得叫劲。咱能爬山越岭，它汽车能上山吗？”

董存瑞：“俺娘送俺时说，‘鞋有千层底，敢走万里程。’咱从东打到西，从南打到北，脚上没双利索的鞋，要误事的。”

衣自强：“你知道这鞋是班长的家底吗？班长背了好几千里都没舍得穿。我们想穿还没这福气哪！”

郅顺义听了衣自强的话，更不好意思接了，两手推了推董存瑞拿鞋的手，低着头出了屋。

董存瑞严肃地责备衣自强:“衣自强,你这话可说的不是节骨眼儿。”

衣自强：“班长，我可是说你疼弟兄们的好话。”

刘福全：“好话，没打好地方出来。”

衣自强：“刘铁嘴，你骂人！”

刘福全：“‘一支枪’，你别臭豆腐浇香油——遮臭！”

董存瑞厉声喝道：“再吵，晚上班务会检讨！”

衣自强：“班长，我服你。你训我，打我，我都情愿。就是不服他。他嘴巧，一不能当饭吃，二不能当机枪放。真枪实弹干起来，还得靠这个。”他拳头在眼前晃了两晃。

刘福全：“宣传鼓动，咱队伍也少不得。还得靠这个。”他握着竹板在面前晃动了两下。

董存瑞左手抓住刘福全的手臂，右手抓着衣自强的手臂，说：“你们俩是咱们班的左膀和右臂，这两手不可缺，咱班的团结工作就看你们俩了。”

刘、衣二人来了个立正敬礼：“是！”

7. 驻地民房内 晚

董存瑞提一桶热水进屋，“烫脚啦！”

刘福全向衣自强说：“‘一支枪’，今天该你烧烫脚水吧？”

衣自强：“该我，不过是明儿个。”嘴向躺在炕上的郅顺义努了努。

董存瑞推了推郅顺义，“起来烫脚。”倒了一盆水放在郅顺义的脚下。

郅顺义很疲劳地从炕上坐起来。

衣自强："老郅，当兵没有种地好受吧？今儿个行军还不到百里，就累成了豆腐；要是再赶上打夜战，该成豆腐渣了。"

董存瑞："练铁脚板不是一日之功。半个月就习惯了。就水热快烫。"说着就要给郅顺义挽裤子，脱鞋。

郅顺义慌忙说："班长，我自个儿来，自个儿来。"

刘福全："日行百里，晚上热水洗，日走三趟，晚上热水烫，一洗一烫，行军照样。"

郅顺义痛苦地把脚伸到盆里，马上又抬了起来。

董存瑞："脚打泡了？洗完我给你治。"说着从背包里找出针和一根马尾毛。又把手纫上针，要给郅顺义挑泡。

郅顺义："班长，我自个儿来。"

小杨说："郅大哥，班长给我们洗脚挑泡是常事，你甭不好意思。"

郅顺义："针穿马尾干什么？"

董存瑞："把马尾穿在泡里，水存不下，走道不疼；泡里存水，脚才不敢着地。你试试看。"他给郅顺义挑完泡，自己也去烫脚，把郅顺义的洗脚水也给泼了。

8. 行军路中 日

队伍在行进。黑云从西北方压了过来，几个炸雷，一阵冷风过后，急雨落了下来。战士们从背包上掏出雨布，披在身上，继续前进着。

郅顺义在泥泞的路上滑了一跤，站起来发现脚上的鞋子拉开半圈长的口子，他捡起鞋一边摆弄一边端详着。

董存瑞从前面返回来，拽出背包后面掖着的鞋递过来："老郅，快穿上，不能掉队。"

郅顺义心情不平静地注视着董存瑞，过了一会儿说："班长——"

董存瑞双眼充满热情，把鞋又向前送了送，"老郅——"

（旁白）1948 年 2 月，我冀热辽军区部队升编为东北人民解放军第 11 纵队。董存瑞所在连队被编入十一纵三十二师九十六团，参加了朝阳整训。

字幕：朝阳

9. 屋子里 日

董存瑞组织六班战士进行热烈的讨论。

战士甲："咱家祖祖辈辈租人家地种，年头做到年尾打点粮食差不多都交了租子，有时候连年都过不去，共产党，解放军能帮咱过上好日子，当兵打仗咱不含糊。"

郅顺义慢慢从兜里掏出一张纸，略显拘谨地说："大伙都能说点道理，我——也说不利落，让班长给我读读老家来的信吧。"说着把纸递给了董存瑞。

董存瑞高兴地清了清嗓子："你走后，土改工作队就帮咱们村搞了土改，咱家分了八亩地一头牛。去年秋天，打了十石粮食。邻居你李家二婶还张罗着要给你提亲哪！"

大家哄地笑了，郅顺义不好意思地涨红了脸。

董存瑞接着读："二虎，小宝儿他们几个老打听你的消息，想投奔你也当解放军，保卫咱胜利果实。"

战士们都哗哗地鼓起掌来。衣自强蹲在墙角，沉默不语，大口地吐着烟，巴掌拍得缓慢无力。

董存瑞不由得用眼角瞄了瞄衣自强。

刘福全也斜眼扫了衣自强一眼，站起身，拽了拽衣角，高声大嚷："咱十二三就当了儿童团，班长是咱儿童团长，放哨，送信抓汉奸。当民兵，割鬼子电话线，挖公路。1945年当了八路跟鬼子真刀真枪干过。咱立场和斗志不说是——"刘福全自豪地伸出大拇指，"也得是——"又换成二拇指。

转过身，瞄了瞄头低得更低的衣自强，"嘿，衣自强同志，你也查一查。"

衣自强一副很尴尬的样子，结结巴巴地说不上话，低着头走出了屋子。

董存瑞瞪了眼刘福全，"大伙接着说。"

战士们又议论起来。

10. 屋外，一棵大树下，衣自强闷坐着使劲地吸旱烟。紧紧地抿住痉挛的嘴唇，眼睛盯着脚下的泥坑发愣。

董存瑞从衣自强身后，仔细地看着他。衣自强毫不觉察。董存瑞轻轻地拍了拍他的肩膀："嘿，老衣，发啥愣呢？"

衣自强一激灵，抬头一看是董存瑞要说又止，耷拉下脑袋，不言语了。

董存瑞一屁股坐下，顺手拿起衣自强的烟口袋，接过旱烟抽了两口。

“班长，会开完啦？”衣自强沉郁地说。

董存瑞略一思忖，“没哪，大伙在议论。老衣，你好像有啥心事？”

“班长，你说俺自打当了解放军，表现咋样啊？”衣自强心情沉重地盯着董存瑞问。

董存瑞：“老衣，这话可不像你说的。你啥时都没‘草鸡’过，有啥想法说说。”

“班长，要是光打仗拼刺刀多好呀！”衣自强单纯地说。

“嗨，你这个老衣，今天是怎么了？净说些着五不着六的话。”董存瑞问。

“班长，实话跟你说吧，这整训说要“三查”，我心里老打鼓。”衣自强说。

“更邪了，你也是受苦人出身，打仗又勇敢，打什么鼓呀？就是平常说牢骚话也不离谱。”

“班长——”衣自强近乎哀求地，“别人一说不是民兵儿童团，就是打鬼子，当八路。我当过国民党兵，怎么说咱那段道也没人家光彩啊！”

董存瑞也一打愣，半天没言语。过了会儿，他沉思地说：“老衣，你当过中央军，这谁都知道，当了解放军，对过去的事是该好好想想。我琢磨着，毛主席让咱整训，也不是要算你的老账。刚才指导员还说来哪，诉苦三查是为了提高觉悟，团结队伍，鼓舞斗志，打倒蒋介石。再说，你当兵也是被抓的丁。我看，你的苦水也不比别人少。”

班里战士不知什么时候已围了过来，刘福全也专心地听着。

衣自强泪水哗哗地流了下来，猛地上前拉住董存瑞的手，“班长，你真钻我心里来啦。”他提起身面对大伙，激动地说：“1942 年闹旱灾，俺家借了村里二阎王一石五斗谷子，秋后没还上，二阎王就逼着俺家用一亩半上等地顶了债。俺家咽不下这口气，告了他，折腾了两年，地没要回来，二阎王串通乡长，把俺抓了兵。”

衣自强狠劲儿吸了口旱烟，“刚当兵的时候，净挨当官的打还不算，天天晚上还得给班长倒洗脚水，连老兵都得伺候。哪像咱班长，天天张罗着给咱们烧水、洗脚。后来，俺军事科目叫得响，少受气了。但有一次，团长要和俺比试，俺寻思着该露一手了，刺败了团长，不得赏就罢了，还他妈挨了连长两个耳刮子。”

刘福全接口说：“你这是割鸡巴敬神得罪了神，疼死了人。”

大家拍着手大笑起来。衣自强也破涕为笑。董存瑞也舒心地笑了。

11. 远处山坡上，十几个假碉堡错落排布，都露着黑洞洞的枪眼。碉堡前面是一条深沟，沟边拉着密密麻麻的铁丝网和矗立的鹿砦。

开阔地上有全连战士演练爆破技术的身影，一片热火朝天的景象。

镜头推到董存瑞的六班训练阵地。

堑壕内，董存瑞和班里战士手挟炸药包，观察着地形情况。

战士：“班长，我一想着子弹乱飞，腿肚子就发软。”

衣自强：“要说跟趴在战壕里打枪是不一样，说不害怕是瞎话，你就把脑袋别裤腰里往上冲吧。”

董存瑞一挥手：“那叫蛮干，爆破危险大，可也得动脑子。我看要镇定观察敌人火力的空当，沉着做出动作。来，咱做做看。”说着一跃身，三摇两晃，忽而匍匐，忽而跃进，忽而卧倒。转眼间便到了开阔地中间。

刘福全、郅顺义、衣自强等纷纷跃出战壕模仿着班长前进。

12. 开阔地中间地带董存瑞伏在地上大声喊着：“看，前边有个弹坑，要利用能用得上的地形地物。”“快！”一拍身边的战士。战士一纵身，蹦过弹坑。“姿势再低点。”董存瑞大声嚷道。

13. 壕沟前。董存瑞一指铁丝网和鹿砦，“老郅，你们突击组要给爆破手把这些东西给炸掉。”郅顺义等三人投出练习弹。

“趁烟雾没散，快上去贴近碉堡放炸药包。速度要快。”说着，董存瑞等人冲了上去。

14. 堑壕内。董存瑞等人满身泥汗地喘着粗气。

刘福全：“班长，咱净准备正面上去了。要像去年打隆化似的，火力密，正面送不上炸药咋办？”

衣自强：“说得是，又没地形地物能用。”

董存瑞骨碌着眼睛，扫视着开阔地，又向两边看了看。

“这么着，咱还得多练练大迂回。来，说练咱就练。”一挥手，

战士们不顾疲劳又挟着炸药包分头练了起来。

（旁白）朝阳练兵，董存瑞被团部授予“爆破能手”的称号，他带领的六班被誉为“练兵模范班”。

15. 承德二沟

一个北方的村落，街道很脏，房屋破旧，国民党士兵在拉牛马，往车上装粮食，士兵在打人，孩子妇女的哭声，士兵往房上扔火，村子中鸡飞狗叫。

房子熊熊地燃烧，一个士兵在拉牛，牛不走。

另一个士兵说：“快跑，共军来了！”

拉牛的士兵端起枪，向牛身上开枪，牛倒地。

国民党士兵仓皇逃窜。

16. 董存瑞与战士们在行军。

衣自强：“班长，你看，前面村庄着火了。”

董存瑞：“火光就是命令，同志们跑步前进！”

（特写）部队急行军，战士汗水满淌的脸。

17. 部队到达燃烧的村庄。

王万发连长边跑边下命令：“一排救火，二排、三排追击敌人。”

追击敌人的战士跑步前进。

董存瑞与其他战士冲向村子。

一座座房子正在火海之中，里面传出一个女孩的哭叫声，咳嗽声。

一个中年妇女头发乱而且被烧焦了，衣衫褴褛，正在门外大喊：“玉芝，玉芝，救人哪，救人哪！”说着向大火冲去。

远处可见董存瑞与刘福全赶到。

董存瑞与刘福全冲入了火海。

房子的外屋，浓烟滚滚，大火熊熊，房顶掉下来，烧断的木料和泥土不断砸在他们身上，大嫂倒在地上，董存瑞与战士拉起大嫂，背起往外冲，到院子里放下。

大嫂向屋里指，断断续续地说：“有……人！”

大嫂又昏了过去。

董存瑞身上着了火，董存瑞在地上打滚。

董存瑞站起身，说：“老郅，看好大嫂，刘福全，跟我来！”说完，二人又冲入大火中，火势更猛烈了。

18. 董存瑞与刘福全向屋里摸去。

董存瑞向屋里摸，更大的木头、泥土砸在他们身上、头上。

董存瑞摸到水缸边，用水瓢浇水在刘福全和自己身上。

董存瑞摸到，背起小孩向外冲，刘福全随其后。

门已被大火封住，出不去。

二人踢开窗子，冲到院子中。

19. 大嫂已经苏醒，正望着火海。

董存瑞把孩子抱到大嫂跟前。

孩子已昏迷。

大嫂摇着孩子呼喊：“玉芝，玉芝！”

董存瑞：“老郅，快拿水壶来！”

董存瑞倒水在玉芝脸上，喂水给玉芝。

玉芝苏醒，看到大嫂，哇的一声哭了，大喊：“妈妈！”

母女俩抱在一起痛哭。

董存瑞用帽子拍打身上的火。

大嫂突然跪在地上磕头说：“大恩人，是你们救了我们娘俩儿的命了。”

董存瑞赶紧拉住大嫂说：“咱们是一家人！”

20. 宿营地 晚

战士们正围在一起吃饭。

他们的衣服还有烧的痕迹，脸上有伤痕。

战士们吃的是高粱米饭，每人多半碗。

董存瑞与刘福全端起碗走了出来。

21. 农家院落，刚才救火的那个房子已经被烧落架了。大嫂正在锅前烧水，屋内浓烟滚滚。

董存瑞与刘福全走进院子。

小玉芝看着了董、刘二人说：“娘……叔叔……”

大嫂赶紧从屋里走了出来。

董存瑞与刘福全把饭碗端给玉芝。

小玉芝眼巴巴地看着母亲，又望了望眼前的饭。

刘福全："看把孩子饿的！"

大嫂："叔叔还没吃哪，快把饭给叔叔！"

董存瑞："大嫂别见外，我们是老百姓的子弟兵嘛！"

大嫂："大兄弟，屋里坐，看屋子被烧的，唉！"

董存瑞与刘福全走入屋中，董存瑞望着锅里说："全是树叶，粮食呢？"

大嫂："粮食全让中央军给抢走了！"

董存瑞："福全，去把咱俩的半袋拿来。"

刘福全跑步走出去。

董存瑞："大嫂，家里还有别的人吗？"

大嫂："唉，她奶奶饿死了，孩子她爸被中央军抓壮丁，已两年没回家了，也不知是死是活。"

说着流出了泪水。

小玉芝："娘，我想奶奶、爸爸……"

董存瑞："大嫂，别着急，我们一定给你们报仇！"

刘福全从外面进来，取出米袋，把米全部倒入瓦盆中。

刘福全："班长，郑指导员通知全班集合去开诉苦会。"

董存瑞："大嫂，你也去吧，说一说中央军的罪恶！"

大嫂含泪地点了点头。

22. 村中广场 傍晚

前方临时放了一张桌子，下面已席地而坐了许多抱枪的解放军战士，其中大多数人的衣服和帽子有烧焦的痕迹，脸上有烧伤，周围站了许多老百姓，人们都专注地望着前面。郑指导员走到桌子前，目视会场，悲愤地说："乡亲们、同志们，大家都看到了国民党匪军犯下的滔天罪行。他们是秋后的蚂蚱——蹦跶不了几天了，他们比以前更凶残、更疯狂，今天我们开一个诉苦会，有两个目的：'一是给受压迫、苦大仇深的乡亲们一个诉苦的机会，把心中的苦水向亲人们倒一下，心里会痛快些；二是让战士们受一次教育，为杀敌立功解放全中国作准备。"接着他下台走到一个白发苍苍的老大娘身边说：'李大娘是革命的老妈妈，她把四个儿子都送到咱们队伍中，先请她给大家讲讲。"

李大娘被郑指导员扶上台来说："乡亲们，解放军同志们……"

刚说了几句话就泣不成声，哭倒在桌子上，几个解放军战士把大娘扶了下去。

郑指导员走到村干部面前低声说了几句。

村干部走上台来说：“李大娘受的苦太多了，四个儿子，一个参加区小队，一个参加了解放军，还有两个做护地队员时被还乡团给活活铡死了。这些狗娘养的中央军和土匪队，一点人性都没有，上次部队撤走后，村里的十多个护地队员就死在了还乡团的铡刀下。”

回忆镜头：

村中广场，四周是衣衫破烂的老百姓，被四周的还乡团押着，场子中心有一把铡刀，中间有几个还乡团员和地主，几个护地队员被还乡团押着，有几个护地队员被铡得身首分处，横尸在地，还有四五个护地队员被自卫队推搡着，全都袒露上身，破口大骂。

场地四周，群众瞪着惊恐而又仇恨的眼睛。“看哪个穷小子还敢动我的地和粮！”一个地主大吼着，“这就是下场，不怕死的就给我分！”“铡！”瘦高个子掉掇判官笔。

刀光血影，又有四五个队员倒在血泊中。

大嫂也走上台诉说着什么。

下面战士痛苦愤怒的脸。

董存瑞站起身带头喊道：“为乡亲们报仇！”“打倒国民党反动派！”

群情激愤，（特写）主席台两边标语：“争取新荣誉，练好本领，打好仗！”

第六集完

第七集

1. 隆化城区 日

字幕：1946 年 4 月初

推出苔山林立的碉堡，城防一道道堑壕、铁丝网和碉堡群，街道

旁民房墙上的枪眼。

几辆美式越野吉普由远而近，在十字街中心碉堡前停下。最前面一辆的车门打开，走下一国民党上校军官及副官。（字幕：国民党十三军二六五团团长汤池）汤池快步走近第二辆吉普车打开车门，佩中将军衔标志的石觉走了出来。石觉披一军氅，戴亮边墨镜，仪表威赫。一帮随员纷纷下车尾随其后走了出来。街道两旁，士兵荷枪实弹。

石觉来到中心堡前，指指点点说了几句话，又乘车而去。

车队到隆化中学大门外停下。诸人等下车，走动几步，指指点点一番后，步入院内。

2. 敌会议室内 日

石觉坐正位，其余人等分坐两边。

石觉："共军夏季攻势业已开始。国防部命我军收缩兵力于城镇，固守军事要点，保障运输畅通。承德为北平门户，隆化为承德大门。故隆化防卫事关华北战局。"他摘下墨镜，以锐利的目光盯着汤池："汤团长。"

汤池："到。"陡然站了起来。

石觉："上年守隆我军何以击败共军？"

汤池："工事坚固，装备精良，吴师长指挥有方。"

石觉："还有呢？"

汤池："军座运筹帷幄。"

石觉摇了摇头："不，不。"招手示意汤池坐下。他站了起来走动两步站定后说："汤团长，拿破仑曾言，一支军队的实力，四分之三取之于士气。"

汤池："到。"欲站起，看石觉手势后又坐下。

石觉："当以去年胜利之事反复晓谕官兵，立我军不败之信念。另悬之重赏，必有勇夫。"

汤池："军座高见。"

石觉："共党赤化活动如何？"

汤池："乡下小股共匪，有自卫队清剿，不足为患；城内中学有几个激进的教师和学生大不过演几出戏，贴几张烂纸。"

石觉："赤化宣传不可小视。对首要分子要严密侦视，严加惩办；

学生要施以军训，裹挟为兵伍。”

汤池：“是。请军座就城防指示。”

石觉：“虚而示之以实，实而示之以虚。配置火力点，明中有暗，暗中有明，明暗互济，防不胜防。”

汤池及众人：“军座高明。”

3. 我军攻占象鼻子山 日

我炮火轰击山头敌碉堡。

我军战士从半山腰战壕跃出，冲上山头，敌人遗逃。

（旁白）5 月 6 日，为切断隆化守敌同承德敌人的联系，我军攻占了战略要地象鼻子山，并进行了步炮协同攻坚作战的演练。

4. 隆化城郊大路汇合处 黄昏

几辆马车走过来，前面一辆车篷内坐着人，后面车上拉着红箱柜和粮食。

从另一条路上也驰来这样的两辆马车。

车上一胖财主对另一辆车里的人说：“孙二爷，您也进城避难来啦？”

那人说：”彼此彼此，谁都一样。共军一来，分你的地，共你的财，还要你的命。四胖子，你也学乖了！”

胖子：“彼此彼此嘛！天不早了，快走吧！”

车把式狠抽两鞭，车慌张而去。

5. 隆化城内 酒楼 日

酒楼上挂“醉仙楼”匾，两边挂着彩灯笼，门前站着持枪卫兵。

楼内厅里摆着几桌酒席，桌前坐满了军、警、政、商界要人和几个士绅。有的身边还有娇艳的女人。交头接耳，叽叽喳喳。

进来一队卫兵，分立两厢。

手摇留声机发出细软的音乐。伪县长陪汤池从屏风后走出。

一人喊：“汤团长到。”

众人起立鼓掌。（字幕：国民党隆化县县长周显章）

堂倌穿梭般上菜。各桌有人斟酒。音乐停。

周显章端酒杯站立，“诸位先生、女士：今天，隆化县各界人士在此略备薄酒，犒劳国军将士。去岁吴团长重创共军，今有汤团长指

挥，定能扬国军之威，保隆化乡安民泰。为汤团长立功授勋，官晋爵升，干杯！”

汤池傲慢地站起身，“敝人身为军人，膺负党国守土重任，又蒙贵县各界厚望。敝人将智勇兼资，与部下同心戮力，挫共军于苔山之脚，扬军功于伊逊之滨。共同干杯！”

座中一士绅啧啧称叹：“真乃将才是也。”

商会会长站起身，谄媚地举杯，“对汤团长的雄图大志，敝人不胜敬仰。汤团长一定会像吴团长一样，荣升师长，披红戴花，显耀于世。请汤团长赏光，干这一杯。”

一些人连连点头称是，向汤池送去谄媚的眼神。

6. 酒楼对面一茶馆　日

稀稀落落的喝茶人。一桌边两个五六十岁的老者在窃窃私语。

甲：“对面还有背枪站岗的。”向乙使使眼神。

乙：“听说了吗？这叫前方吃紧，后方紧吃。”

甲：“我也听说，什么三民主义——三迷主义。”

乙：“此话怎讲？”

甲：“迷官、迷财、迷色。”

乙会意一笑，“好个‘三迷主义’。”

门口进来一便衣谍报，贼眼搜索着。走近甲、乙：“说什么呢？”

甲：“老总，商量驴价钱呢。”

谍报：“什么时候了！滚！”

7. 酒楼内　日

汤池醉眼蒙眬，得意忘形地说：“我百门大炮，万发炮弹，把这个小小隆化城炸个翻天覆去。”他手掌反复翻着。

座上先是悄声冷寂，后是有人脸色由红转黄，有的叽叽喳喳。

汤池看众人表情不对，马上改口说：“诸位为何谈虎色变！我当然不会炸烂城区，伤损百姓皆共军所为。”

某军官也学着汤池的口吻狂妄地吹起来，“我军还有飞机扫射，给共军布下个天罗地网，除非共军个个是孙猴子、土行孙！”

众人又陪着哄笑。

军官：“共军虽不堪一击，但还望各界多筹辎粮，为我后盾。”

周显章：“我已令保安团下乡筹粮，不日将200石军粮送抵贵军。”

8. 公路上　晚

几辆运粮马车由远而近，车上坐着抱枪的保安团丁。天色渐渐地暗了下来，车上跳下一挎盒子枪的团丁小头目，喊：“快走，赶车的，今晚上一人赏一壶酒。”

车老板甩鞭抽驴马，车速快了起来。

前面公路靠近了山。小头目说：“下车，都下车！机灵点儿！这地方竟他妈的出事。”

团丁纷纷跳下车。一团丁说：“派人接应，咋还没来？”

“来了！”前面有人回答。随着话音枪响了，小头目被射倒了。

“谁？”一团丁问。

“你八爹！”

话音没落，啪啪枪声大作。团丁向公路逃跑，马奔车趧。“捉活的！”喊声不断。

“一小队追击，二小队掩护撤退！”黑暗中有人下令。

隐约中两个人对话。其中一人说：“罗书记，这里离城近，需要赶快撤退。”

字幕：中共隆西县委书记罗平

罗平：“对。赵队长，我带民兵转移粮食，你带领县大队的同志们担任警戒。”

赵：“好！”

黑暗中卸车装车，抢驴牵马，大车和毛驴的队伍走进一条山沟。

9. 山村纵队司令部　日

召开作战会议。

贺晋年（字幕：十一纵队司令员贺晋年）：“为了打通辽西走廊，掐断国民党军东北与华北的第二条交通命脉，我们夏季攻势的作战目标是夺取平泉、隆化、承德等战略要地，并相继歼灭十三军全部或一部分，为即将到来的战略决战在东北和华北之间穿针引线。”他略作停顿，继续说道：“去年我们在隆化的失利，取得了经验教训。”他又把眼光集中到周仁杰和谢镗忠的脸上，“周师长，谢政委，你们去年亲自指挥了攻打隆化的战斗，谈谈你们的看法。”

周仁杰（字幕：三十三师师长周仁杰）：“去年的失利，我认为一是我军还没有攻坚作战的能力。二是轻敌，以为围场一举解放，隆化守敌就是豆腐渣一团；结果打起来不能速决，投入兵力增多，成了消耗战。今年我军各方面都有了大的提高，只要指挥得当，没问题！”

谢镗忠（字幕：三十一师政委谢镗忠）：“去年打隆化缺乏统一指挥，各部不能协同作战。”他略停了停，“现在部队复仇呼声很高，一些连、排都写了请战书、决心书，要为去年牺牲的战友报仇。”

陈仁麒（字幕：十一纵队政委陈仁麒）：“复仇情绪要正确引导。忽视战前准备、不讲战术、不计算代价的硬拼是坚决要不得的。要讲勇敢加技术，这是中央军委最近的指示。要发扬军事民主，集中智慧，逐一地研究解决战术技术啊。”

舒航（字幕：十一纵队参谋长舒航）：“据侦察科的报告，守敌数量两千余人，工事比去年坚固，在一些要害部位敌人增修了暗堡。敌人气焰嚣张，石觉吹下大话：‘共军如果攻下隆化，承德我拱手相送。’解放隆化看来是一场恶战。”

10. 山路上 拂晓

我县大队 10 来名战士走在前面，后面是几十头毛驴驮着粮食。每头毛驴前后各跟着一人，手牵缰绳，或拿着树杖。驴脑门上戴着红红绿绿的麻穗。

驮粮队在山洼处停下来。有两名战士朝山沟里的村子走去。从村里迎上来我军战士，和送粮人握手说话。然后粮队下山向村子里走去。

11. 村舍内 晨

送粮群众三五人在说话。一名解放军战士进来，“老乡，我们连长看你们来了。”王万发进屋和群众握手。

“老乡们辛苦了！感谢乡亲们！”

群众甲：“哪里话！自家人嘛。”

群众乙：“比你们南征北战算不了什么！”

王万发：“走了一宿，够累的吧！炊事班正做饭，吃过饭再走。”

群众甲：“白天驮粮食走要是碰上自卫队，连粮带驴都得抢去，闹不好连命都得搭上。”

王万发：“这里的自卫队挺猖狂？”

群众丙：“凶着哪！东川有伊向臣，西川有赵珍。抓着农会干部和区队上的就活活给铡了。”

群众甲：“赵珍还吃活人心哪！活人就叫他们开膛破肚了。”

群众乙：“听说赵珍吃了 90 多个人心了。”

王万发：“这回先消灭中央军，再扫除这些自卫队杆子头。告诉乡亲们，好日子快过上了。”

群众（合）：“那可好了！”

12. 山村纵队司令部内 日

贺晋年：“从即日起，各师做好战前准备，思想动员，开“诸葛亮会”，战术训练，挂帅点将，挖交通壕。25 日凌晨发起总攻。下面由舒参谋长作部署。”

舒航站起来走到墙上的地图前，拿起指鞭说道：“纵队决定，三十一师辅以炮兵旅在苔山西面以迅速勇猛的动作，首先夺取苔山主峰 1、2、3、4 号碉堡群，控制 796 高地。成功后即向东、向南扩大战果. 夺取 5 至 12 号碉堡群。三十三师辅以三十二师炮兵营由城东 24 号、25 号碉堡群突破，成功后以一部向西、向南发展，并以主力直迫隆化中学，协同九十五团聚歼隆化中学守敌。以少部在闹海营、三道营设防，阻击南逃之敌。九十四、九十六两团为纵队总预备队。“他看了看与会者，“大家还有什么意见？”

李光辉（字幕：三十二师师长李光辉）站起来，目视贺晋年，“司令员，象鼻子山这道菜我们没吃上，隆化再尝不到，这兵怕不好带啦。”

贺晋年：“哈哈！到嘴边的肉吃不到口，是不是？不要犯‘馋嘴病’嘛！”

大家都笑了起来。

李光辉：“我们九十六团那个六连，从一说要打隆化，就向师部、团部请战，非要担任主攻。其中一个班还做了土沙盘，演练了好几回。”

贺晋年：“好嘛！这么高的积极性。不过，你问问欧师长、周师长，他们哪位愿意换换？”

陈仁麒：“老李，回去做做工作嘛。预备队也得叮当响。往往最硬的骨头都留给预备队啃。”

欧致富（字幕：三十一师师长欧致富）：“啃骨头可没吃肉香了。”

大家又都笑了起来。

13. 山村我军驻地 日

九十六团六连动员会，台上两张条桌，台后挂毛泽东、朱德像，台前地上坐满战士。

王万发台前讲话：“攻打隆化，血洗去年之仇，我们整整憋了一年的劲儿。这个时刻就要到了。今天我们召开动员会，下面请团长讲话。”

台上台下一齐鼓掌。

梁岐（字幕：九十六团团长梁岐）从桌后中央走到台前：“同志们，我们吃苦训练，摸爬滚打，为了什么？”

台下：“打倒蒋介石，解放新中国！”

梁岐：“我们忆苦三查，访贫问苦，为了什么？”

台下：“打倒蒋介石，解放全中国！”

梁岐：“大家说得好！石觉吹下大话：‘共军如果打下隆化，承德我拱手相让。’”

下面有战士小声嘀咕：“吹牛不花本钱。”

梁岐：“石觉吹牛还是有点本钱的。隆化城巴掌大的地方，就修了 30 来个碉堡群，子母堡百十多个，还有暗堡、壕沟、铁丝网、陷阱、地雷、梅花桩什么的，把隆化变成了一座杀人的屠场。”他稍作停顿，继续说，“没有芭蕉扇，过不了火焰山。”他又顿了顿，接着说，“我们要解放隆化还要代价小；以小的牺牲，换大的胜利，才能为牺牲的战友报仇，才能把憋在心里的仇恨吐出来。同志们说对不对？”

“对！”台下喊。

梁岐：“所以纵队指示我们，要勇敢，还要讲战术。我们各班、排要召开诸‘葛亮会’，搞沙盘作业，战前练兵，挖交通壕。保证我们大获全胜！”

台下：“响应纵队号召，大获全胜！”

梁岐回到座位，王万发站出来，“下面由各班排长表决心。一班长王大山。”

台下台上鼓掌。

王大山从人群中站起来整了整衣服，走上台，“坚决响应纵队号召，打好隆化这一仗，给牺牲的同志报仇，还要让石觉连老本都赔上。我们火力组会加强战前练兵，配合好爆破组，和爆破组一起立功！”

台下鼓掌。

切换另外两人发言镜头。

王万发：爆破元帅六班长董存瑞。

热烈鼓掌。

董存瑞从地上的人群中站起来拉拉帽舌，抻抻衣角，背好枪，大步上台，说道："同志们，党把最光荣的任务交给咱们了。没有第二句话，天塌了也得完成它！咱们练兵吃苦为什么？咱们好多同志都牺牲了又是为什么？别的不说，光看咱们来的这一条路上那些老百姓吧，他们过的是什么日子！为了给牺牲的同志报仇，为了给千千万万的老百姓报仇，为了全中国人民都吃饱穿暖，为了小弟弟、小妹妹都能上学念书，我们坚决响应党的'五一号召'，打响头一炮。这回我把生命都交出来了。打伤不下火线，打死也别把我拉下战场，就把我当成一块土，填到外壕。死也要把隆化拿下来！"

台上台下齐鼓掌。

14. 山村里师部 日

任夏林等 3 人进屋。

任夏林（字幕：九十一团一连连长任夏林）："师长、政委，这是我们连的请战书。"把一叠纸交给欧致富。

另一个向前一步说："首长，去年打隆化我们连就剩下这 10 多个人了。为报这个仇，我们眼睛都憋红了。"说着他掏出一块被炮火烧剩下的破布片，上面写着一行端正的字："保证完成任务，为死难烈士报仇。"下面是血迹斑斑的手印。他把布片双手捧到欧致富面前，说："这就是我们的决心书。"

欧致富倾身接过布片，谢镗忠、李荣顺（字幕：三十一师副师长兼九十一团团长李荣顺）也都凑上来看。三人脸上一种严肃崇敬的表情。

任夏林："师首长，我们连请求担任主攻，保证完成任务！"

欧致富看了看谢、李二人，谢、李会意的眼神。

欧致富："师部同意你们的请求。"

任夏林等 3 人立刻表现出高兴的样子。

欧致富："师部要求你们要有十分的勇，还要有十分的谋，才能全胜，为牺牲的战友报仇。"

在场的人都会意地点了点头。

谢镗忠：“动员全连同志动脑子，研究战术。我们师担任主攻苔山的任务，在隐蔽接敌上做做文章，打汤池个措手不及。”

15. 野外交通壕 夜

董存瑞和战友们在挖交通壕。满脸是汗，都甩掉了棉衣，身上是土。

董存瑞：“同志们，休息一下。咱们得朝着天亮干呢！”

大家放下工具。衣自强把镐一扔，有情绪的样子，“这交通壕没完没了地挖，能把苔山上的炮楼挖掉吗？”

一名老一些的战士：“你可真别说，打小的时候，地道就挖到了岗楼底下，闹得小日本吃睡不安的。”

刘福全：“这二里多远的开阔地，不能给敌人的火炮当靶子打。”

董存瑞：“咱们来段数来宝，解解闷儿。刘福全，你是行家，先来一段。”

刘福全想了想，就数了起来：

“同志们，听我言，
数段来宝作宣传。
昨天开了动员会，
解放隆化在眼前。
敌人死守乌龟壳，
明碉暗堡数不完。
壕沟地雷铁丝网，
茅楼猪圈都掏了机枪眼。”

董存瑞接着往下数：

“交通壕挖到敌堡下，
一捆炸药送它上西天。
战时少流血，
战前多流汗。
有了交通壕，
进退都方便。
烧好一锅水，
准备下汤团（圆）。”

郅顺义接：
“你说劲头添不添。”
衣自强数起来：
“劲头添，劲头添，
竹板打来响连天。
去年一打隆化城，
咱在东山干瞅眼。
整整打了十昼夜，
人家立功没有咱，
你说眼馋不眼馋？”
刘福全往下数：
“说眼馋，也眼馋，
打仗有忙也不闲。
火炮不能上刺刀，
步枪不能发炮弹，
联络要有通讯兵，
包扎得请卫生员。
军需给养运输队，
吃饭要靠炊事班。
敌人顽抗不投降，
预备队变成尖刀连，
才有胜利捷报传。”
董存瑞接着数：
“捷报传，捷报传，
交通壕挖好通前沿。
炮火开路敌堡烂，
咱们冲锋无阻拦。
全歼守敌汤池团，
隆化人民见晴天！”
（“见晴天”三字大伙一起念。）
大家都笑了起来。

衣自强："别说，这劲还真上来了。"他抄起镐头就刨了起来。

16. 山村院子 日

董存瑞和班里战士围着土和石头堆成的"沙盘"议论了起来。

刘福全："咱们交通壕都挖到碉堡的眼皮底下了，成了《封神演义》里的土行孙了。"

衣自强："明枪好躲，暗箭难防。"

董存瑞一边思考一边叨咕："暗箭？暗堡？"他忽然问大伙，"咱们想个什么法子能摸清敌人的暗堡？"

大家停止议论，沉思起来。

刘福全："有了！咱们来个假攻击，真掏底。"

一个年龄较大的战士说："真真假假，虚虚实实。"

董存瑞："你们再说说怎么个真假虚实，我去连部。"

17. 隆化中学外前沿阵地 夜

我军战士在战壕里扔出一颗颗手榴弹，有的举着穿衣服的草人在交通壕里跑着，铁桶里燃放鞭炮，有的射击。

敌堡向外射击，照明弹一颗接一颗地升空。

董存瑞："快投弹！快跑！"他不停地投弹。

18. 中学院内敌营部 夜

敌营长手握电话筒，"团长！团长！共军发起了进攻。""火力很猛——弄不清有多少人。""是。""是。"

敌营长放下电话筒，叫："传令兵！传我的命令，利用一切火力点，把共军消灭在护城壕外！"

19. 敌阵地 夜

敌碉堡向外喷射子弹，一些土岗也开始向外射击，一个坟包伸出一挺机枪喷射子弹。

我军战士密切注视数记着火力点。

打了一阵，我军悄悄撤走。

20. 苔山碉堡里汤池指挥部 夜

汤池手握电话筒，"喂——喂—— 一营，共军进攻打退了没有？""什么？无影无踪了？"汤池放下听筒，叼着烟转了两圈，忽然若有所悟地又摇起电话机，"一营——一营 ——刚才暗火点暴露了吗？”“都暴露了？笨蛋！”“桥型暗堡暴露了吗？”“好，好。命令你们：不到最后时刻，最后时刻！不要暴露！记住！”

21. 苔山北面的山坡上 拂晓

李荣顺带领任夏林等几人观察地形。

任夏林（尖刀连连长任夏林）：“这山可真陡啊！爬起来可快不了。”

干部甲：“炮轰完了，我们个把小时再上去，黄花菜都凉了。”

李荣顺：“师首长不是让我们动脑子，在隐蔽接敌上想想主意吗？”

干部乙：“攻打象鼻子山时咱在半山腰挖了战壕。这山都是石头，挖战壕非让敌人发现不可。”

李荣顺：“你们看。”他指着苔山主峰北面的一条小山沟，“趁攻击前天还不亮，咱们尖刀连神不知鬼不觉地爬上去，隐蔽在那条小山沟里。炮火准备一结束，咱们立刻就能冲上 996 高地了。”

干部甲：“关键是爬山要不出响动，万万不能让敌人发觉。”

任夏林：“咱们回去做好准备，保证爬山不暴露。”

李荣顺：“我向师首长请示。”

第七集完

第八集

1. 苔山北侧

字幕：1948 年 5 月 25 日凌晨 3 点

绝壁上，一队队全副武装的解放军战士攀援而上，三十一师副师长李荣顺随军行动。

山顶，敌人碉堡的黑影，哨兵游弋。

2. 城区东南地段，解放军战士从交通壕展开战斗序列。

3. 隆化城外东山上

程子华（冀察热辽军区司令员）和参谋长，随军记者齐肃，参谋人员站在临时指挥所，点点画画。山上电话线纵横交织，警卫排战士分布四周。大战在即的气氛。

程子华心情愉快地向参谋长问道："部队开始行动了吧？"

参谋长："纵队报告，一切都按原计划展开。"

程子华："好，告诉贺晋年，总攻动作要坚决、勇猛。"他抻了抻双臂，自信而又舒服地伸了一个懒腰，然后双手叉腰，向山下望去。

4. 夜色朦胧，雾气缭绕中的隆化县城、苔山等处景物。

5. 东山沟里

董存瑞和班里战士趴在沟沿上凝神注视着苔山方向。

衣自强向郅顺义悄声嘀咕着："预备队，预备队，看着别人品滋味。"

刘福全一副老成样，"'一支枪'，你也不是不知道，咱们去年不就是眼巴巴地看着别人打吗？老预备队喽！"

董存瑞扭过头，尽力显出不着急的样子，"少发牢骚，首长说了，好钢要用在刀刃上。"

刘福全乐了，"刀刃上？等着打扫战场吧！"

董存瑞一瞪眼，没说上话，重新又趴在那儿，心里痒痒地望着苔山。

6. 苔山北侧敌人工事前沿

一条小沟，草木丛杂。潜伏的解放军战士机警地观察着山顶敌人的动静。

敌军阵地，来回游动的两个哨兵。

兵甲："嗨，天快亮了，共军不敢来了。"

兵乙："共军没大炮，量他们也不敢来。"

兵甲："就那几条破枪也想攻苔山，做梦吧！"

7. 隆化城外的东山上

作战科张参谋在向记者齐肃介绍着情况。

张参谋手指隆化城方向："你看，山下平地上黑压压一片房屋，那是隆化城。城西白带子是伊逊河。""'伊逊'是满语还是蒙语？"齐肃问。

张参谋停顿寻思。

程子华在远处插话："小张啊，是蒙语，弯弯曲曲的意思。"

两人惊喜地一回头。齐肃说："程司令员挺了解地方情况的。"

程子华："调查研究嘛。"

张参谋接着介绍："伊逊河西岸最高山是苔山，老乡叫它龙头山，大概是连绵的山峰像条龙。山和城之间的伊逊河上有座桥，桥附近有一片房屋，那是隆化中学。去年打隆化，就是苔山和中学没攻下来。"

齐肃连连点着头。

8. 苔山敌工事前沿 凌晨 4 时 17 分

一敌兵倒背着枪，哼着小调向小沟边走过来。小沟内，潜伏战士和指挥员焦虑的脸。

9. 苔山脚下三十一师指挥所

一参谋推门报告："前沿报告，一敌哨兵向我潜伏地点走来，意图不明。"

欧致富师长、谢镗忠政委吃惊地互相看了一眼，很快又都镇定下来，下意识地看了下表：定格指针 4 时 17 分，嘀嘀嗒嗒的声音，让人心颤。"知道了，继续监视。"坚定地说。

10. 苔山北坡，草木随风摇曳，夜鸟鸣啼。

哨兵摇摇晃晃地继续向前走。我军潜伏战士悄悄地转动枪口。

敌哨兵到沟边站住，屁股一转，撒起尿来，小便落下，撒在我潜伏战士的头上。

（特写）战士皱紧眉脸，纹丝不动。

11. 东山沟里

董存瑞用手指着苔山，"拿下苔山，就控制了制高点，这'汤团'就煮定了。"

郅顺义有些着急地问："班长，总攻快开始了吧？"

董存瑞："估摸着快了，听咱们的'大炮发言'吧！"

12. 苔山西北伊玛吐河西岸

我军炮兵阵地，炮口纷纷昂起头，战士们飞快地充填进炮弹，作好发射准备，指挥员高高举起小旗。

13. 字幕：4 时 28 分

隆化夜空，5 发白色信号弹划过，接着又是 3 发红色信号弹。

我军炮火齐发。各阵地上战士们欢呼雀跃。

14. 苔山主峰：敌人阵地三四丈高的一座塔堡。首先被炮弹命中，塔顶爆炸，塔堡翻塌，一个排的敌兵被埋在里面。

15. 苔山：城区隆化中学各处不断有炮弹爆炸，火光闪现，烟雾浓重，依稀可见敌军吃惊、慌乱的景况。

16. 苔山北坡

小便的敌兵边跑边喊："共军进攻了，共军进攻了！"我潜伏战士射击，敌哨兵倒地。尖刀连长手枪一挥，战士们向山头冲击。

前面一地堡疯狂扫射，三名战士携炸药包冲了上去。很快，敌地堡爆炸。

17. 隆化城区前沿

我军山炮连推着抵近敌 25 号主碉堡。"轰轰"几声连续炸响，碉堡拦腰裂断，火光中敌军四散奔逃。我军战壕十几挺轻重机枪排成一行，同时猛烈扫射。

尖刀连战士跃出战壕，爆破组冲在前头用大包炸药炸毁铁丝网、鹿砦火力点。部队攻入城区。

18. 苔山主峰：红旗猎猎飞舞，战士们举枪欢呼。

19. 东山山沟里

"快看，苔山插上红旗了！"一名战士高喊。

正在吃早饭的战士们纷纷撂下饭碗欢呼起来。董存瑞兴奋地一拍大腿，不自觉地擂着站在身前的衣自强，"嘿，老衣，多快，真过瘾！"

刘福全嘀咕着："三十一师老大哥也成'土行孙'了。"衣自强说："哎，去年咱打隆化撤走往西去，看苔山西北坡都是砬子崖壁，没法挖交通壕啊！"董存瑞沉思着："我估摸着，准是先悄悄爬上去潜伏下了。"郅顺义高兴地说："着啊，龟儿子没等回过味来，咱队伍就上去了。"

20. 苔山主峰：李荣顺手持话筒："师长，苔山制高点已被我军攻占，我部队仅伤亡 4 人，现正在向山南追击。"

21. 隆化城区中心十字街

敌大碉堡耸立，周围堆满障碍物，不时有地雷爆炸。碉堡内，一名军官挥舞手枪督战，敌机枪疯狂扫射。

碉堡外，向前冲锋的解放军战士倒下。断墙后，战士们愤怒的脸。营长："带两个俘虏上来。"两个俘虏被押上。

"快，向碉堡里的人喊话，要他们缴枪。"营长命令道。

"是，长官，兄弟愿意效劳！"俘虏点头哈腰。

俘虏甲凑到断墙后："王连长，解放军人多势众，为弟兄们想想，别打了。"俘虏乙："弟兄们，别替老蒋卖命了。解放军优待咱们。"

碉堡内敌兵对视，面露犹豫之色。

敌连长急忙喝道："给我打，惑乱军心。"

敌兵纷纷停止射击。

敌连长:"我毙了你们……"话音未落,一颗子弹飞来,结果了性命。

白旗伸出，枪支不断扔出碉堡。

22. 纵队司令部 日

贺晋年手拿话筒："什么？攻占了十字街，好啊！祝贺你们。命令部队迅速向隆化中学推进。"放下话筒，转过身来对陈仁麒，"老陈，苔山制高点和城区都被我军攻占，进展神速啊！"

陈仁麒："隐蔽接敌战术很成功，汤池该慌手脚了。"

23. 苔山山坳处核心地堡工事内

汤池焦灼不安地在地图前标画着，用力地吸了一口烟，对着话筒强自镇定："一营吗？我是汤池，赶快收缩兵力，固守隆化中学。我马上令苔山炮火支援你们，军长这就派飞机助战。你我互为犄角，共军必然碰壁而回。"转过身对报务员，"发报。"口述电文：

军座勋鉴，共军攻势甚猛，又现去年态势，请速派飞机轰炸。汤池决心死战，报效党国。

24. 隆化上空，两架飞机由远而近，俯冲扫射。我军战士或卧倒隐蔽，或用机枪向敌机射击。

十字街我军一个排战士沿街向隆化中学外围攻击。苔山炮火打来，阵亡多人。

敌军收缩防守，战斗呈胶着状态。

25. 纵队指挥部 午

贺晋年、陈仁麒主持作战会议。

贺晋年："同志们，8 个小时的激战，我军隐蔽接敌的战术运用相当成功，步炮协同作战，已胜利占领了苔山制高点，攻占了城区。汤池故伎重演，收缩兵力在龙头山和隆化中学两处负隅顽抗，防御设置和火力配备相对集中，而近战接敌，我军炮火发挥将受到局限，也不再有战役发起的突然性，因而下一步攻坚难度肯定比前一阶段要大

很多。”喝了一口水，接着说，“为更好地完成战役任务，纵队决定重新调整部署，加强突击力量和爆破组织，作纵深攻坚。下面请参谋长作第二次总攻部署。”

舒航走到地图前，一边指着地图上的标记，一边说：“三十一师九十二团继续向南攻击敌8、9、10、11、12号碉堡群，消灭顽抗之敌。三十二师九十四团从城区向北推进至隆化中学，九十六团投入战斗，从东北方向楔入，与九十四团一道聚歼中学守敌。三十三师各部侧应两处进攻。第二次总攻时间为下午3点。”

在座的梁歧充满兴奋神态。

欧致富拍着李光辉的肩膀说：“老李，最后这道菜给你上喽！”

李光辉禁不住微笑地说：“红烧骨头。”

陈仁麒：“司令员已经谈到攻坚难度增大的必然性，越在这样阶段，越需要发扬我们解放军勇敢、顽强的战斗作风，调动连续爆破的作战能力，敢于牺牲，敢于冲杀，各级指挥员要果断坚决，打得稳、准、狠。”

贺晋年看着大家纷纷离座，叫住梁歧：“梁歧，九十六团状态怎么样？”

梁歧：“司令员，可把我们憋坏了，战士们急得嗷嗷叫，请战书送了一大摞。”

贺晋年：“二次总攻尖刀连的突破很重要，你们的尖刀连是哪个连？”

梁歧：“六连，延庆保卫战受到过肖克司令员的嘉奖。”

陈仁麒：“隆化中学碉堡密集，是敌人的城防核心，很能考验你们的爆破功夫的。”

梁歧自信地说：“尖刀连的爆破队长是董存瑞，朝阳整训，他那个爆破组全团第一。”

贺、陈对视一笑，放心地点了点头：“看样子，你梁歧是胜券在握喽！”

梁歧：“首长放心，我们坚决完成任务。”敬礼出门。

26. 字幕：5月25日下午3点

苔山城区，隆化中学各处枪声激烈，爆炸声不断，举着红旗的战士和爆破小组在画面中闪现。

27. 隆化中学外围东北角

敌地堡疯狂扫射。弹雨中，董存瑞、刘福全、郅顺义等夹炸药包跃进，轰然巨响，敌堡飞上天。

一高坡上，一地堡火力猛烈，压得攻击部队抬不起头。董存瑞、衣自强伏在战壕内仔细观察着。

敌火力间隙，董存瑞猛然跃起，滚翻、匍匐，到了地堡前，放两次炸药包都滑落。

“爆破筒！”董存瑞大喊。

衣自强跃到高坡下，递上两根爆破筒，董存瑞接过来狠劲向地堡里塞。

地堡里，敌军官惊恐地叫：“快，给我推出去。”

敌兵使劲儿向外猛推爆破筒。

地堡外，董存瑞硬顶着，另一只手去抓喷着火舌的枪筒，一缕青烟，手被烫去一层皮。

“妈的！”董存瑞手一松，爆破筒被推出，仰面摔倒，滑下坡，鞋子被甩在一边。

董存瑞盯着鞋子，眼睛一亮，翻身捡起鞋，蹿上高坡用两只鞋底夹住枪管狠劲一拧。

地堡里，机枪手措手不及，枪托掉了个个儿。

地堡外，董存瑞用鞋底紧紧夹住枪管，衣自强拿起爆破筒，一起推进地堡，猛拉导火索，两人翻滚下坡。

“轰”一声巨响，地堡揭了盖子。

白副连长手枪一挥，战士们向隆化中学冲过去。

28. 苔山上，李荣顺指挥重机枪，迫击炮攻打敌人碉堡群。李荣顺进入敌人废弃的7号地堡在射孔处向外观察。

29. 苔山南部山坳处

我军战士冲锋。突然低洼处喷出数条火舌，弹道低沉的火网罩住我突击分队，战士们有的倒地，其余的赶忙卧倒。

30.7号地堡内“暗堡，敌核心地堡！”李荣顺惊呼，顺手拿起电话：“师长，主峰南部山坳处发现……”

一颗流弹飞进射孔，从其左眼射入。

李荣顺立仆。

“副师长！副师长！”参谋、警卫员惊叫。

31. 苔山南侧山坳处，我军重机枪怒吼，迫击炮射击， 手榴弹砸入山坳处地堡。

“为副师长报仇！”“给副师长报仇！”战士们高喊着，向敌人冲过去。

字幕：1948 年 5 月 25 日十一纵队三十一师副师长李荣顺光荣殉职，年仅 31 岁。

32. 隆化中学外围，战士们手举战旗，端着枪向隆化中学冲击，“隆化城防，固若金汤”的大白字越来越清晰。

33. 隆化中学院中心工事内

敌营长：“团长，共军已逼近中学围墙，攻势猛烈，请求支援。”

话筒中传来汤池的声音：“慌什么，动用桥型暗堡，打共军个措手不及。”

34. 隆化中学外围旱河沿一座桥上，一块块砖头被捅掉，伸出了六根乌黑的枪管。喷洒火舌，冲在前面的战士纷纷倒地。

35. 营指挥所营长常胜端着望远镜观察，惊呼：“糟糕，暗火力点。马上打掉它！”

36. 隆化中学外围开阔地

一组爆破手投弹、射击、匍匐前进，冲到桥下，把炸药包放到地面上，拉着导火索，滚翻一边，巨响过后，浓烟散去，敌暗堡未受损伤，机枪肆虐暴响。

白副连长着急地喊：“唉，不行，炸不到！”

董存瑞抱着炸药包请求，“副连长，让我上吧，我一定把它炸掉。”

白副连长：“不行，你已经完成任务了。”

董存瑞急了，“副连长，我是爆破队队长。”

白副连长：“别说了。刘福全，你带一个爆破组上去，给我炸掉它。”

刘福全：“是！”抱起炸药包就要向上冲。

董存瑞伸手拉住刘福全：“这块开阔地易守难攻，你们要多用跃进战术，我和老衣用火力吸引敌人注意力。”

刘福全：“班长，放心吧！”握了握董存瑞的手，带领其他两个战士冲了上去。

董存瑞：“栓柱，小心点！”

激烈的枪声爆响。

刘福全和其他两个战士带大包炸药向前冲去，到半途，两名战士牺牲，刘福全忙把两人的炸药包揽过来，刚要跃身，一阵弹雨扫过，头上鲜血涌出，倒在地上。

董存瑞大叫：“栓柱！”衣自强：“刘福全！”两人匍匐着爬到刘福全身边，奋力扔出几颗手榴弹。

刘福全艰难地睁开眼睛对董存瑞说：“蛋子哥，告诉我爹我没给他老人家丢脸。”费力地掏出快板递给衣自强，“‘一支枪’，你喜欢它，送给你做个纪念吧！”

衣自强忙喊：“福全，我背你下去！”

刘福全摇了摇头，用手指着暗堡，“快炸掉它！”头一耷拉，牺牲了。

董存瑞怒视着喷射火舌的暗堡，狠劲地用拳头砸向地面，“我就不信！”

这时，桥型暗堡两侧低于地平面的地堡里拥出几十个敌人发动了反冲锋。

董存瑞、郅顺义、衣自强等人正气不打一处来，一阵投弹、射击，打炸得敌人血肉横飞。

37. 团指挥所：梁歧手持望远镜，焦急地向开阔地观察，镜像内出现了开阔地机枪、手榴弹打得非常激烈的场面，马上拿起话筒：“二营，二营，你们怎么搞的，为什么不冲锋？”

话筒传来二营长常胜急切的声音：“团长，我们已攻占了起伏地带，前面突然出现一个桥型暗堡，火力很强，前面又是开阔地和干河套不好靠近，我们正继续组织爆破。”

梁歧：“要加强爆破力量，马上给我炸掉它。九十四团已从南面攻入隆化中学，3 点 30 分必须攻进中学，消灭守敌。”

38. 阵地前沿：白副连长焦急地对指导员说：“团长命令我们 3 点 30 分必须攻进中学，还有 5 分钟的时间了。”

刚打退敌人反扑的董存瑞、郅顺义、衣自强等人风风火火地跑了过来，“副连长，我们去炸掉它！”

白副连长一愣神，语气稍缓，略带沉思地说：“你们已经爆破，先休息一会儿。”

董存瑞圆睁双眼，挥臂指着桥型暗堡说：“副连长，我是爆破队长，敌人的机枪在杀伤战友。副连长，我能待得住吗？”

“副连长，下命令吧！”郅顺义、衣自强请求。

白副连长和指导员对视一眼，很快低头看了下表：“六班长，总攻时间就要到了，任务就交给你了。”

“炸不掉它，我不回来！”董存瑞咬着牙坚定地说。

“要回来，董存瑞同志！”白副连长动情地握着董存瑞的手。

39. 中学院中心工事内

敌营长得意地向汤池报告：“团座，共军被我桥型暗堡杀伤多人，前进不得。”

“哼，哼，我就知道共军过不了这一关！”听筒里传来汤池狰狞的笑声，“一营长，好好打，我马上电奏军座给你请功。”

40. 承德十三军军部

宽敞的大厅内，一身戎装的石觉正在接受中央社记者采访。

记者恭敬地问：“石将军，你对此次共军南下作战，有何评论？”

石觉胸有成竹的样子，“热河，辽西第二走廊，共军觊觎已久，此次南下，当为谋取关内外联络沟通。”

“石将军，作为承德北大门的隆化战事正酣，不知战况如何？”

石觉手举电报，洋洋得意地说：“265团弟兄们倚托坚固工事，重挫共军进攻，汤池团长来电，隆化可确保无虞。”

镁光灯不失时机地闪了两闪。

41. 我军阵地前沿

董存瑞手托公文包对郅顺义说：“老郅，这个公文包是王平书记的，如果我光荣了，就由你保管，革命到底。”

郅顺义郑重地接过公文包，紧盯着上面的红五星，恳求地说：“班长，让我去！”

董存瑞毫不含糊地说：“不要争了。转告党支部，我建议追认刘福全为中共党员，他生前申请过，介绍人算我一个。”

又转向衣自强，“老衣，跟着共产党，好好干革命。”

衣自强含泪点点头，紧抓住董存瑞的双手。

董存瑞猛地转过身，英武地夹着炸药包，手指前方，“开阔地，敌人火力最密，老衣，你用机枪封住敌人。”又指着一个土堆，“郅顺义，你在那儿多打手榴弹。”

42. 二营指挥所，梁歧和二营长手举望远镜观察爆破情况。

43. 我军阵地前沿，衣自强机枪怒吼，郅顺义连续投出手榴弹，董存瑞手夹炸药包，另一战士带三角支架跃出战壕。

董存瑞见敌人火力猛烈，机警地卧倒，麻痹敌人。突然跃起，快速冲到一土堆后，郅顺义跟进投弹。

烟雾中，董存瑞跃起，一个趔趄差点儿摔倒。鲜血从其腿上流出。携带三脚架的战士中弹倒地，牺牲。

郅顺义惊叫：“班长！”马上又扔出两颗手榴弹。

衣自强着急地一愣，机枪停了。白副连长大呼：“机枪！”衣自强马上猛射。

借着烟雾，董存瑞艰难地向前匍匐着，滴滴鲜血渗在他爬过的地面上，留下缕缕痕迹。敌机枪子弹打得他身后地上冒起一串串白烟。

郅顺义：“班长！”双手着急地拍打着地面，狠劲扔出一颗手榴弹。

暗堡前，董存瑞咬紧牙关，猛地擦了一把额头上的汗珠，一个滚翻，到了桥下。

44. 桥下，董存瑞忍着剧痛观察着桥壁，用手摸了摸，试着把炸药包放上去，但又掉下来。他焦虑地看了看开阔地上牺牲的带三脚架的战士，摇了摇头。突然灵机一动，解下冲锋枪，狠砸桥壁。

45. 阵地前沿，白副连长焦急地看着表：“哎呀，来不及了。”说话间， 冲锋号嘀嘀嗒嗒地响了起来，部队战士纷纷爬出战壕，向前冲去。

这时，桥型暗堡又捅开了六个枪眼，子弹雨泼似的打过来，冲在前面的战士倒下，后面的战士接着向上拥。

46. 桥下，董存瑞眼睛冒火，看着倒地的战士，猛地一提身，站到桥底正中，左手毅然托起了炸药包，右手猛拉导火索，嗞嗞地冒起了白烟。

郅顺义着急地纵身向前冲去，“班长！”

衣自强扔下机枪，扑上前，“班长！”

董存瑞厉声喝道："卧倒！快卧倒！" "为了新中国前进！"

只听一声巨响，敌人的暗堡在烟雾升腾中消失了，郅顺义晕倒在地。

47. 二营指挥所，梁歧、二营长双眼模糊，悲痛地放下了望远镜。

48. 战场上陷入一片寂静，一切仿佛凝滞了一般，大地悲吟，苍天垂泣， 烟尘飞散。

49. 开阔地上猛然如潮奔涌，一批批战士高喊着"冲啊！"向中学冲去 。郅顺义慢慢苏醒，缓缓抬起头。

"隆化城防，固若金汤"几个大白字映入他的眼帘。

郅顺义："我让你'固若金汤'！"猛然跃起身，冒着弹雨不顾一切地向中学围墙冲上去。

50. 中学大墙工事内，敌军官惊恐的脸，"快扔手榴弹，炸死他！"一颗颗手榴弹飞出墙。

51. 中学大墙外，郅顺义周围不断有手榴弹落下， 郅顺义发疯般地拾起一颗颗手榴弹回敬到院内，爆炸、火光不断，又顺手抢过战友的炸药包，靠到墙上，拉下了导火索。

"轰"的巨响，大墙被炸了一个大豁口。战士们呐喊着冲进隆化中学。

52. 中学院内敌废毁碉堡上

战士们手举枪支欢呼胜利，上有红旗飘扬。

（旁白）天黑后，敌二六五团团长汤池见大势已去，率残部突围，途中被我军阻截。隆化攻坚战消灭敌人 1900 余人，仅漏网汤池以下 20 余人。

53. 战场废墟上 傍晚 残阳如血

程子华和随军记者齐肃及纵队干部走在瓦砾中间。突然，发现前面一群战士围在一起痛哭。

"那是怎么回事？打了胜仗倒哭起来了？"程子华惊疑地问。

梁歧跑过来："报告首长，六连六班长董存瑞舍身炸毁敌人桥型暗堡，给部队扫清了前进障碍，战士们在捧着他的鞋子哭。"

程子华心头猛地一震，甩开大步疾走上前，缓缓接过鞋子，托在手里，凝望沉思良久。

54. 镜头缓慢推出程子华文章（竖排）

董存瑞同志永垂不朽

（1948 年 7 月 10 日） 程子华

近景放大“我们纪念董存瑞同志，主要地要学习他英勇顽强的战斗精神与消灭敌人的坚决意志，因为没有这一点，就不要想进行中国人民革命战争，更不要说使这个战争取得胜利。”

55. 字幕：董存瑞牺牲后，东北人民解放军第十一纵队党委发出了悼念董存瑞的决定：追认董存瑞为纵队战斗英雄、模范共产党员；命名董存瑞生前所在班为“董存瑞班”；7 月 10 日冀热察行署决定为纪念收复隆化战斗中英勇顽强自我牺牲的人民英雄董存瑞同志，特决定隆化中学改称为存瑞中学，以志永垂。

1950 年 9 月全国战斗英雄，劳动模范代表会议决定，追认董存瑞为全国战斗英雄。

电视文学剧本《董存瑞》主题曲

一碗洋河水，养你热血波涛涌。
一斗黄小米，育你志坚五岳松。
一部中华史，教你英魂充天地。
一捧苔山土，掩你忠骨筑碑丰。

一怀英雄志，千锤百炼主义真。
一架金钢骨，顶天立地托乾坤。
一腔滚烫血，抛洒燕塞为人民。
一窍精忠魂，高扬千古育后人。

副歌：
董存瑞啊，董存瑞，壮志热血，铁骨铮铮中华魂。

电视文学剧本《董存瑞》插曲

山青青，水长长。
潮白河畔好风光。
柳丝拂堤岸。
白鸭戏水忙。
炊烟自在绕田庄。
山坡牛羊壮。
麦苗铺锦翠。
菜花分外黄。
解放区人民笑声朗。

情真真，意长长。
漫漫征途诉衷肠。
我自桑干来。
你家在太行。
五湖四海共理想 。
红旗指方向。
一步一层楼。
胸怀宽又广。
革命熔炉百炼钢。

董存瑞的二十个故事

白东升 姜乃学

1. 驯驴能手

人物：董存瑞 九岁 小名“四蛋子”
张六金 九岁 小名“长锁”

驴是过去农家从事生产的家畜，不像牛、马那样从事主要劳动，是经常作为赶集、运输、拉磨、拉碾子等辅助性劳动的家畜。人们形容某人脾气坏常说“驴脾气”，某人发火或抗拒，就说他“犟驴”。

长锁家从口（长城关口）外买回一头大阉驴，驴腰粗体大，见人就踢，别说干活，连摸也不让摸，家里长锁爹、哥哥和他都被它踢过，气得长锁爹赔钱也要卖掉它。董存瑞听长锁说了，马上跑去对长锁爹说：“大爷，这头驴可是好驴，卖了就可惜了，我试着驯驯，不行，您再卖！”

长锁爹看看董存瑞说：“四蛋子，这可不是闹着玩的，这驴太犟，踢坏你咋办？”

“没事，我有招儿。”董存瑞拍着小胸脯说。

“你什么招儿啊？我多少年的老把式都惹不起它！”长锁爹拦着董存瑞说。

“咱不惹它，咱治它！”董存瑞顺手从长锁爹手里抢过驴缰绳，飞身骑到大阉驴的前膀子上，双手紧抓住驴的鬃毛。

“快下来，四蛋子！”长锁爹和长锁都急得大叫，但因为挨过驴踢，都不敢上前。

“嘚，驾！”董存瑞早已把双腿一夹，拿缰绳头狠抽了两下驴屁股蛋子。大阉驴身子受鞭绷紧，“嗖”地蹦了起来，“咴咴”一叫绕着打谷场狂蹦乱跳起来。

这时，村里人听到动静都跑过来围观，董存瑞父亲董全忠也来到场边，拍着长锁爹的肩膀说：“甭怕，四蛋子摔不下来！”原来，董全忠家也养着一头驴，董存瑞几乎天天陪着毛驴，干活，骑着玩儿，对驴性特熟，也有一手骑驴本领，董全忠心里有底。

大阉驴看到场边人越来越多，仿佛要示威给大家看，踢打咬闹得更欢了，只见它左摆一下，右晃一下，回头咬一口，两个后蹄双双向后尥，想把董存瑞甩下来。

但董存瑞偏不吃这套，就像粘在驴身上一样，在驴怎么耍赖，他就是稳稳地骑在上面。

大约折腾了半小时光景，驴实在累没劲了，老实了下来。但董存瑞不依不饶，打着它继续跑。这头驴很狡猾，使了个心眼儿，跑了一圈后，绕到场院屋有墙的地方，突然斜着身子向墙上猛靠过去，想把董存瑞生生地蹭下来。

董存瑞没等它靠上墙，用脚往墙上猛地一蹬，一下子把驴闪了个毛跟头，趴在地上不起来了。而董存瑞自己则稳当当地跳到一边。冲着大驴使着怪脸，“不服气，再来！我看你还有啥招儿？”

大阉驴趴在地上喘着粗气，蔫头耷脑的没脾气了。

围观的人看到这场面，都纷纷竖起大拇指：“四蛋子行，将来肯定能当大将军……”

董全忠站在围观人的中间，露出了灿烂的笑容。

以后，这头驴见到董存瑞就打哆嗦，让它往东绝不往西，干活也听使唤了。

2. 巧炸供桌

人物：董存瑞　十一二岁　小名“四蛋子”
刘大肚子　南山堡村地主汉奸
张六金　十一二岁　小名“长锁”
刘福全　十一二岁　小名“栓柱”

刘大肚子自诩为书香门第，重视祭祖尽孝。当时富人家的茔地前都有专门的供桌，用来摆放贡品。

农历七月十四下午，董存瑞在自家院子里，用不知从哪儿弄来的火药制作“土炸弹”，几个小伙伴来找他，长锁看了，好奇地问：“这是要干啥？”

“嘘——小点儿声！”董存瑞指着手里摆弄的玩意儿，悄声说，“捻子一着，‘哧’，‘哐’就能炸！”

“炸啥啊？”栓柱问。

“炸坟桌！”董存瑞攥紧拳头一比画。

长锁想起了什么，尖声说：“高！蛋子哥！明儿个七月十五，刘大肚子又该上供了。”

这一说，孩子们都想起了两年前砸刘家祖坟坟桌的事。

那天，董存瑞和长锁、栓柱几个小伙伴挖野菜，回来的路上，看到刘大肚子祖坟前的供桌上摆着许多水果、点心、烟、酒等供品，董存瑞的火腾地就上来了，骂道：“咱们活人过年都吃不上这些东西！”他捡起一块石头，“来，砸它！”照着供桌上的供品就砸了过去。伙伴们就都捡起土块、石块，噼里啪啦地扔了过去，砸得供品散落了一地。

想到这儿，长锁眨巴着眼睛：“蛋子哥！还砸啊？”

董存瑞摇摇头：“不，这回动真家伙，炸它解解气！”

“这东西能炸死刘大肚子？”栓柱闷声问道。

“炸不死，那也吓他个够呛！”董存瑞气愤地说。

“把咱抓住咋办？”长锁紧声追问。

“咱不让他看到！”董存瑞调皮地一笑。

“那怎么点火啊？”边上的一个小伙伴疑惑不解地问。

董存瑞神秘一笑，“等着瞧吧！”

第二天一大早，董存瑞和长锁、栓柱等几个小伙伴，带上镰刀和扁担，董存瑞特意背个筐，里面装上了土炸弹，上了山。到了刘家坟地，董存瑞迅速地用镰刀在供桌下挖了一个坑，把“土炸弹”埋了进去，又用土盖上，把捻绳轻轻地拉了出来，在土中露出个小头，又轻轻地用手把表面用小草盖上。小伙伴们瞪大眼睛，吐着舌头，“四蛋子，真有你的！”

看到山下刘大肚子一行五六个人挑着担子向坟地走来，董存瑞使了个眼色，带着小伙伴飞速地跑进山沟，藏了起来。

刘大肚子走进坟地，吆喝着手下人摆供、点香、烧纸，和家人跪在坟前念念有词地烧着纸，纸钱越烧越旺，烧着了火药捻子，只听“哧哧”地一串响声，接着“轰”的一声，供桌下一股黑烟升起，供桌被掀翻在地，碟、碗、盘、水果、酒杯飞起一片。

刘大肚子和家人、下人都尖叫起来，吓得面如土色，大肚子吓得瘫在地上，头上落满了纸灰。

看着刘大肚子几个人狼狈的神态，躲在山沟里的董存瑞和长锁等小伙伴们偷偷地发出一阵阵愉快的笑声。

3. 骑马打仗

人物：董存瑞　十二岁　小名“四蛋子”
王　平　时任三区抗联主任
张六金　十二岁　小名“长锁”
刘福全　十三岁　小名“栓柱”

王平傍晚时分迎着晚霞走进南山堡，刚到场院边，就听到喊杀声一片，定睛一看，呵，好不热闹。

只见，宽阔平坦的场院里，围着一群孩子，圈里一边四个身强力壮的孩子互相牵抱，搭成马状，上面骑着一个孩子，分为两边，喊杀震天。

“四蛋子，拿刀砍敌人脑袋！”“长锁，用枪扎四蛋子胸口！”

细一看，左边“马”上骑的是董存瑞，头顶一根高粱头，玉米须做胡子，手拿一条长柳棍，挥舞着杀向前去。右边长锁也是一样的打扮，手拿一条硬秸秆，直直地扎向董存瑞。

只见董存瑞一个侧身，闪过长锁的“长枪”，栓柱喊道：“转右边去！”下面四个小伙伴组成的“马”，飞快组合转向右边，闪出空当，直接将长锁那组人的后背露给董存瑞，说时迟，那时快，董存瑞挥起长柳棍，狠狠地拦腰砍向长锁。“着！”一下子把长锁打下马去，长锁身下四个小家伙中的两个赶忙去抱长锁，另两个被闪在两边，“马”散架了。

“又赢了，又赢了！”董存瑞一边的小伙伴嗷嗷叫着冲上前，把董存瑞托起来抛到空中，飞速上前接住，连续三次。

董存瑞“嘎嘎”地笑着，手舞柳棍，一脸得意。

王平快步走向前，夸赞说：“行，四虎子（王平已经给董存瑞把四蛋子的小名改成了四虎子，但小伙伴们还叫他四蛋子），了不起，像个大将军。”

董存瑞不好意思地低下头：“王主任，我们闹着玩儿呢……”

“玩儿，好，有意思！”王平看着边上的孩子们，问：“你们知道骑马打仗为啥吗？”

董存瑞摇头，“不知道，我们就知道好玩儿！”

王平招了下手说：“来，我给你们讲。”

“你们听说书的讲《说岳全传》，岳飞大战金兀术，两人骑马抡枪使刀，底下的兵跟着打仗，干什么呢？”王平问。

董存瑞抢着答：“岳飞是抗金保宋，说书的夸奖岳飞能文能武。”

长锁也说：“金兀术是坏蛋，岳飞领着兵要杀金兀术。”

王平说：“孩子们，明着看是岳飞和金兀术打，实际是金国要侵略宋朝，宋朝是抗击金朝的侵略。两个人是保宋和灭宋的争夺！背后的事大着呢！”

“啊！”孩子们还有一丝不解地听着。

“现在有外国人来侵略我们了，你们知道吧！”

“是小日本，这几年不就占着沙城车站欺负咱们中国人嘛！”栓柱显得比长锁懂事似的抢着说。

“对！就是日本侵略者，你们玩骑马打仗，也要想着这个事。”

董存瑞攥紧拳头，“王主任，那现在你就给我们枪吧，我们也去打日本鬼子！”

王平摸着董存瑞的头说：“现在你们还小，将来你们也要真刀实枪地和日本鬼子干！”

董存瑞挥舞着棍子蹦起来喊道：“长锁，栓柱，咱们快长大，上战场去，真刀实枪地和鬼子干！”

4. 智护王平

人物：董存瑞 十三岁 小名“四虎子”南山堡村儿童团团长
王 平 时任三区区委书记

日本鬼子又开始了新一轮大扫荡，龙延怀县三区区委书记王平为掩护群众转移，落在后面，鬼子这时已经包围了村子。

“叭——勾”几声三八大盖枪响，门口传来了急促的脚步声。“谁？”董存瑞跑到大门口问道。

“四虎子，我，王平。”外面人应道。

“快进来，王书记。”董存瑞快速把栅栏门打开。王平手提盒子枪，头上冒着热气，一脚跨进门里。

“鬼子围了村子，正挨家挨户搜呢！”王平对董存瑞说。

董存瑞指指谷垛问：“藏那儿行吗？”“不行，鬼子肯定先搜那儿。”

“那，地窖呢？”“也不行。”董存瑞眼珠一转，计上心来，指着墙角一堆破草席卷子说：“快，藏那里面。”说着，把破席卷往开一拉，将王平推了进去，董存瑞又快速地把席子盖好。

“开门！开门！”大门口响起了翻译官的叫声。董存瑞打开门，叽里咕噜地进来了七八个鬼子，翻译戴着金丝眼镜，挥着戴白手套的手一边比画一边嚷：“小孩！八路的有？”

董存瑞笑着迎上去，“太君，我家门关得紧着呢，没看到八路来啊！”

翻译二话没说，大喊一声：“搜！”鬼子冲进屋子，奔向谷草垛、地窖等地搜了起来，不一会儿都纷纷回来，“没有，没有！”

这时，一个鬼子抽出军刀，“唰”的一声，一只手把刀架到了董存瑞的脖子上，另一只手从口袋里抓出一把糖，“小孩，说实话，糖块的有，假话，死啦死啦的！”

翻译也随声附和："小孩，说出八路藏在哪儿，太君有赏！不说，杀死你！"

董存瑞毫无惧色，"太君，我真的不知道，"说着又假装害怕似的把脖子向回缩了缩。

鬼子军官斜着白眼，突然抽回军刀，快步走向墙角的破席卷子，用力把军刀插进席卷儿。刀尖儿贴着王平的头发擦了过去，王平惊出一身冷汗。

千钧一发之际，董存瑞机智地跑向前去，手抄起席卷子下面的牛粪，加上外面两张破席片子，抱起来，扔到鬼子军官脚下，"看看，有人没人！"

破席子带着牛粪沫子、尘土弥漫开来，院子里发出强烈的牛粪味。

鬼子军官忙用手套捂着鼻子，狠命地踹了董存瑞一脚，"小孩，良心坏啦坏啦的！"

翻译官也上前打了董存瑞一巴掌，"臭小子，你脏了太君的衣服，找打啊！"

董存瑞顺势倒在地上，哭喊起来："你们欺负一个小孩，算什么能耐！有本事去找八路啊！"

鬼子军官"咔"地把军刀插进刀鞘，气哼哼地喊道："开路，搜的继续！"一挥手，七八个鬼子冲出了院子。

鬼子走后，乡亲们都夸赞董存瑞是"南山堡的王二小"。

5. 锯齿镰刀

人物：董存瑞　十四岁　南山堡村儿童团团长

日本鬼子占领区内，电话线是敌人的耳朵，中国共产党组织民兵、游击队开展破坏通信线路的方式，骚扰敌人，割断敌人据点之间的联系，让敌人变成聋子、瞎子。

南山堡村的民兵集合后趁着夜色又出发去割线了。“咦，怎么多了个人？”民兵队长惊奇地叫了起来，“站住，我看看咋回事？”说着，挨个儿查看起队伍成员来。

“四虎子，你甭躲，我估算着是你这个捣蛋鬼！”民兵队长拽住要躲藏的董存瑞。

“队长，你答应我多少次了，到最后就甩开我，今天我非去不可。”董存瑞缠磨着。

“你个调皮鬼！行，今天我答应你，但要听命令，不许捣鬼。”民兵队长无可奈何地说。

“得，让我去怎么都行。”董存瑞咧嘴笑了。

队伍悄悄地来到电线杆下，分成三组，一组监视敌人，一组断杆割线，其中要有一个人爬杆子去割线，一组是负责把割下来的电线卷起来弄走。董存瑞跟着民兵队长割线。

“队长，太慢了！”董存瑞第一次参加割线，就发现电杆子上的人割线速度太慢。那个时候没有钳子、钢锯，只能用镰刀去生割。队长不屑地说：“就你能，你懂什么，鬼子的线都是豆粒粗，哪有那么好割？结实着呢！”

董存瑞不吭声了，扶着电杆，看着上面割线的民兵出神。

没过几天，鬼子又立起了电杆，架起了电线，民兵们还要利用夜色去破坏电线。

这次民兵队长没再拦着董存瑞。夜色中，董存瑞跟在队长身边说：“队长，队长，今晚上我去割线。”

“你？别添乱了，老手还费劲儿呢！”

“队长，我保证比他割得快！”

“你，凭什么？凭你是个大孩子？鬼机灵！”队长呵斥道。

“等着看，队长。”董存瑞一扬头，不服气地说。

“行，看你能快成什么样？别这个不服那个不愤的。”队长勉强答应了他。

到了线路上，割线组在队长的带领下，分散开，各有一人开始爬杆割线，队长特意跟着董存瑞。

董存瑞“嗖嗖”几下爬上电杆顶端，从身后掏出一样东西，没一会儿工夫，电线“唰”地掉了下来，别的爬杆割线的人还在使劲割呢！“哎，邪门，四虎子，你耍的什么招儿？”队长惊异地问道。

“哧溜”，董存瑞滑下电杆，“看，我这个家伙儿好使。”

队长仔细一看，一把镰刀头，没什么新奇的。“这不一样嘛！”

董存瑞手往队长面前一伸，“你摸摸，队长，慢点摸！”

队长伸手一摸，发现镰刀上是一排锯齿，“好小子，真有你的！”

原来，董存瑞知道鬼子的电线结实，用镰刀割费劲，就动脑子，用斧子在镰刀刃上凿出锯齿，鼓捣出带锯齿的镰刀，土制“钢锯”，几下子就能把电线割断，效率提高了好几倍。

当天晚上，董存瑞爬了六七根电杆，别人才爬了两根。

这次，民兵队长服气了。回村后，马上推广董存瑞的“锯齿镰刀”，南山堡村破坏鬼子电话线的任务完成得更好了。

6. “蘑菇”参军

人物：董存瑞　十五岁　南山堡村儿童团团长
　　　梁连长　八路军某部连长
　　　王福堂　区委书记
　　　张六金　南山堡村儿童团团员
　　　刘福全　南山堡村儿童团团员

蘑菇本是一种可食用的菌类植物，这里比喻一种死缠烂磨的求人办法，人称“蘑菇”战术。

1944 年秋末，南山堡的乡亲又送一批青年参加八路军。董存瑞看着比自己大个两三岁的伙伴穿上了新军装，头戴军帽，胸别红花，背上真枪和子弹袋，真是眼馋着急。他找张六金商量怎么办。六金说：“咱们找王书记求求情，他要帮咱跟连长说说，也许……”六金跟着董存瑞找到王福堂一说，就被顶了回来，“你们还小，八路军不要娃娃！”又冲六金说，“你在家还哭鼻子哪，部队可不哄孩子！”董存瑞说：“王书记，你帮我们说说呗，金刚钻小能揽瓷器活儿！”

王福堂说：“你甭磨！磨也没用。”

董存瑞一听“磨”字，心里有了主意。他跟在来领新兵的梁连长后面，寸步不离，连长走到哪儿他就跟到哪儿，还不停地嘟囔：“我要当八路”“打鬼子”“给王平报仇”。

梁连长看身后的“尾巴”跟了半天了，也甩不掉，这才转过身来问：“小兄弟，你今年多大了？”

“十六。”

“属小龙的？”

梁连长掰扯一下手指，“哈哈，属小龙的才十五呀！”

董存瑞马上说：“儿童团长我都当了三年了，前年我掩护王平同志，糊弄走了日本鬼子。”

梁连长看董存瑞一副机灵鬼的样子，说：“好样的，有志不在年高；可你还是小……”

董存瑞没等连长说完，就抢着说：“小怎么着？秤砣虽小压千斤。我能爬树搞侦察，还会凫水做掩护，又会打枪埋地雷。”

梁连长说：“你这些本事都有用，过两年我来领你当个侦察兵；可现在让你背上几十斤的东西一口气跑上几十里力气还不够，先当民兵锻炼两年吧。”

董存瑞听连长说得也在理，就和梁连长约好过个一年半载的再说，两个人还拉了钩。

转眼就到了第二年的春天。一天，梁连长和王书记到南山堡召集民兵开会。王书记先讲了抗日的大好形势，“现在是黎明前的黑暗，城里的鬼子缺粮，就出来抢老百姓那点度春荒的口粮。梁连长他们来就是要教训一下鬼子的抢粮队，打击敌人的嚣张气焰，咱们民兵要全力配合。”王福堂的话还没讲完，董存瑞就凑到梁连长身边，嚷着要参军。

“我生日大，16 其实顶 17 了。”

“咱们说好了，过一年再说嘛！这才几个月？”

“等不了一年小日本就完蛋了；等他完蛋我再参军还怎么给王平同志报仇！”

“你说小日本完蛋就完蛋啦？他还要垂死挣扎哪！”

“刚才王书记说的，小日本是兔子尾巴啦！”

梁连长看董存瑞满脸通红，眼圈里的泪水就要流出来的样子，着实感动。他想了想，和民兵队长嘀咕了几句，说：“这次伏击日寇你要是立了功，我就答应你参军。”董存瑞听了连声说了几个“好”，又拍巴掌又蹦高。

两天后的下半晌，在去沙城的大道上，走着十来个日本兵和一队伪军，押着两辆大车，车上是他们抢来的粮食。几个伪军赶着两头猪，枪上挑着抢来的鸡鸭。迎着这稀稀拉拉的队伍，大摇大摆地走过来两个大小伙子，前面的背着一只筐篓，里面装着鸡，后面的牵着两只羊。伪军一见鸡和羊就要抢，两个小伙子大声小嚷地说：“别抢，别抢，

这是犒劳皇军的！”说着日本兵就凑了上来，伪军也围了过来。小伙子把筐盖一掀鸡扑楞楞地飞了出来，小伙子喊：“快抓鸡，快抓鸡！”不知怎的羊也跑了，伪军有的忙着捉鸡，有的忙着撵羊，一时间大道上就乱成了一锅粥。突然“砰、砰”两声枪响，两个鬼子倒下了。说时迟、那时快，两个小伙子趁乱一个箭步跳出人堆从腰里掏出手榴弹扔向敌群。又一排子弹射来，几个鬼子应声倒地。就像神兵天降一样，道两边的沟里坡下跃出了八路军和民兵，“缴枪不杀”的喊声吓得伪军迷了头。这群敌人还没醒过神，就有的做了鬼，有的当了俘虏，只跑了一个伪军小队长回去报丧了。

在八路军和民兵凯旋的路上，刘福全又打起了快板，他说道：

“竹板打，连天响，
咱伏击鬼子打胜仗，
设下套儿让鬼子钻，
神机妙算梁连长。
背鸡筐的是董存瑞，
六金牵着两只羊。
鸡飞羊窜乱了营，
慌神的敌人忘了藏，
喊爹叫娘狼狈相，
奇兵打他个冷不防。
送鬼子去了阎王殿，
伪军乖乖缴了枪。
夺回粮食还乡亲，
看鬼子还敢再猖狂！
叫他早点回东洋。”

“对，叫他早点回东洋！”众人一齐喊着。

梁连长见董存瑞、张六金打仗机灵勇敢，刘福全宣传鼓动及时，就同意了他们的请求，破格让他们参加了八路军。

这便是：好钢千锤百炼，慧眼识英雄。

7. 教训俘虏

人物：董存瑞　十六岁　八路军某部六连战士
川　岛　日军俘虏
刘福全　十七岁 八路军某部六连战士

沙城被八路军攻破后，董存瑞所在排负责押送日本军俘虏。

董存瑞扛着一挺歪把子机关枪，斜背着一支三八大盖，和战士们押着一队日军俘虏向城外走着。

“你的，快走！磨磨蹭蹭的，不是你们烧房子杀人那会儿啦！”董存瑞看到排长往前去了，就顺手狠推了身边的俘虏一把。

俘虏川岛不服气地一梗脖子，斜瞪了董存瑞一眼。

“瞪！瞪什么瞪！一会儿让你看看我的厉害。”董存瑞又悄悄踹了他一脚。

刘福全赶紧拉了一下董存瑞，“别打俘虏啊，犯纪律。”

董存瑞一听，来劲儿了，“他们对咱们老百姓胡乱砍杀，咋不说纪律！我就不服。”说着，把歪把子机枪从肩上拿下来，冲着日军俘虏喊道：“你的，过来，把机枪扛上。”硬生生地架到了川岛肩上。

川岛敢怒不敢言，只得扛着机枪，跟着队伍。

出了城，队伍拉成一条线，董存瑞和川岛落在后面，董存瑞一眼发现旁边有个树林子，就硬拉着川岛进了树林子。川岛呜哩哇啦地叫着，董存瑞不管不顾，解下皮带，对着川岛劈头盖脸地打了下去，一边打一边还喊着：“你还我王书记！你还我王书记！”

川岛抱着头哇哇直叫。

队伍里刘福全见事不好，赶忙去报告排长，排长三步并作两步冲进树林，伸手架住董存瑞的胳膊：“董存瑞，你干什么？”

“我教训教训他，出出气！”董存瑞余怒未消地说。

“八路军不能虐待俘虏，你不知道吗？”排长制止他。

董存瑞又扬起皮带，“他是鬼子！不是俘虏！”

“住手，鬼子现在也是俘虏。”排长厉声怒喝，“听命令，你立刻跑步归队。”

董存瑞看排长的样子，不敢再坚持，无可奈何地扛上机枪追队伍去了。

晚上，连队禁闭室里，董存瑞依然想不通，放在面前的饭也不吃，坐着生闷气。门开了，王万发连长走了进来，“董存瑞，还想不通啊！”

“连长，鬼子杀了咱们那么多人，我就抽他几下，咋就关了我禁闭！”董存瑞眼泪都快掉下来了。

“董存瑞，今天这事儿，一是你不该打俘虏，他是鬼子，但已经放下枪就是俘虏，毛主席规定的‘三大纪律八项注意’，第八条就是不许虐待俘虏。”王万发连长严肃地说。

“再一个你还不知道，日本鬼子里头，也是十个里面有八九个是下层人，他们也是被迫来打仗的，他们明白过来理，会掉过枪口对准发动战争的人的。你打的那个川岛，原来就是个学生，书念得好好的，被抓来当兵打仗，经常被当官的拳打脚踢的！”王万发连长语重心长地告诉董存瑞。

“连长，我明白了，鬼子里也有受苦遭罪的。”董存瑞恍然大悟地说。

“是啊，董存瑞，我们要优待俘虏，瓦解他们的士气！”连长高兴地拍着董存瑞的肩膀。

“连长，我又学会一招儿，攻心为上。”董存瑞情不自禁地蹦了起来。

8. 私藏手枪

人物：董存瑞　十六岁　八路军某部六连战士
　　　张六金　十六岁　八路军某部六连战士
　　　刘福全　十七岁　八路军某部六连战士

参了军的董存瑞心里像喝了蜜似的甜，刚才又开了动员会要去打龙关镇，可是回到班里一看，傻了眼，只见老战士们一个个都军装整齐，个个收拾步枪、子弹、手榴弹，好一阵忙乎；他和刘福全、张六金都穿着家里做的衣裳，黑裤子，鞋还露出脚趾头，光着两手没有武器。董存瑞心里“唰”地就凉了下来，转头带着两个人就向连部跑去了。

“连长，连长，要打仗了，我用什么打啊！”董存瑞闯进连部。

“啊，四虎子……董存瑞，怎么了？”王万发连长笑呵呵地问。

“连长，我一没枪，二没弹，咋打仗啊！”董存瑞真急了。

“你要领枪、领弹呗？”王万发还是追着问。

“不光我，我们班还有张六金、刘福全呢！”董存瑞拉过两个人，急火火地说。

张六金、刘福全也缠磨连长，“是啊，连长，快发给我们枪吧！”

“枪嘛，有的是，就看你们有没有本事领！”连长王万发故弄玄虚。

“在哪儿？快发给我们吧，我们都有本事。”董存瑞上前拉着连长。

指导员在一边搭腔了，“董存瑞啊，我们的队伍从来都是夺取敌人的武器武装自己，马上就打龙关，打下龙关，敌人就给我们把枪送上门来了。”

董存瑞一听，乐了，转过身来冲着张六金和刘福全一挤眼睛，“走！想法儿闹枪去！”

主攻部队攻下龙关，董存瑞所在连进城打扫战场，看到战士们把缴获的武器装上大车，他眼馋得很，决心亲手搞到一支。

排长领着他们进了一个军需仓库，指挥大家归拢堆垛；董存瑞的心思一直在枪上，对什么大头鞋、饼干、罐头一律不感兴趣。但是干完活，他也没看到枪的影子。

正当他万分失望，准备随大家一起离开仓库时，在墙角踩到了一个硬邦邦的东西，偷着捡起来一看，“啊！手枪！”王平的手枪他摆弄过，知道这是一把手枪。

董存瑞没言声，悄悄地把枪塞在夹袄里层，随着大家回到了宿营地。背着其他战士，用毛巾把手枪擦了又擦，白天别在腰里，晚上放心不下，又用布包上，压在枕头底下。

几天过去了，董存瑞耐不住寂寞。有一天吃完晚饭，和刘福全、张六金一起躲在一个角落里，不由自主地拿出手枪显摆起来，“看看，咱领回枪了！”刘福全、张六金一看，“啊！手枪，四虎子，咱连长、指导员使手枪，你也使上了。”

“指导员让自己领，咱自个儿领的。”董存瑞洋洋得意地说。刘福全、张六金一吐舌头，“四虎子，还是你心眼多，我俩咋就没闹到呢！”三个人正悄悄说着，班长走了过来，“董存瑞，你啥时候私藏武器了！”

“哎，班长，我不是私藏啊！指导员那天说打下龙关自己领枪，我就自己领了一支。”

“胡闹，董存瑞，啥时候八路军让你自己私自领枪了。”

“拿过来，赶快！交到连部去。”

“凭什么交啊？我自己捡来的。”董存瑞躲闪着班长。

战士们都跟着起哄。班长上去一脚，劈手夺过手枪，“服从命令！”

董存瑞恼羞成怒，不服气地喊起来，“你欺负人，这是我自己捡的。”班长不理他，出门，把手枪送连部去了，董存瑞一瞪眼，躺在炕上闹气去了。

“董存瑞，董存瑞！”指导员轻拍着董存瑞叫着。

“指导员，班长欺负人！”董存瑞一激灵，翻过身来。

“董存瑞，班长做工作急了点儿，但是你私自藏枪确实不对啊！”指导员说。

“指导员，你不是说自己去领枪的吗？”

“董存瑞，我们是人民的军队，我说让自己去领枪，是说我们的队伍夺取敌人的武器武装自己，不是某个人去为自己占便宜，发洋财，毛主席的‘三大纪律八项注意’，特意规定一条，一切缴获要归公，部队再统一分配给每个战士，枪才能用到正道上，如果每个人都去为个人利益私占滥抢，我们的队伍能壮大成这样吗？能夺取全国的胜利吗？”

“指导员，我错了。我应该主动把捡来的手枪缴公。”董存瑞激动地承认错误。

三天后，上级给每个新战士发了一套灰布军装，还各配发了一支三八枪。

9. 苦练投弹

人物：董存瑞 十七岁 八路军某部六连六班战士

王万发 八路军某部六连连长

董存瑞是个左撇子，从小干活、吃饭全用左手，部队训练刺杀、射击、投弹经常要用右手。董存瑞这几项训练成绩总是落在后面，趁大练兵的机会，他要彻底纠正自己左撇子的习惯，还要把投弹练成左右开弓。

朦胧的月光下，部队的一个练兵场中，只见一个小个子，敦敦实实的，怀里抱着几颗练习用的手榴弹，一边使劲用右手往远处投，一边念叨着：“怎么越扔越近呢？”“邪了，我就不信！”几个来回就看到他头上冒出滚滚热气，脸上也是汗流如雨。

“嘀嘀嗒……嘀嘀嗒……”起床号响了，其他战友来到操场，“董存瑞，你又起早了啊！”“董存瑞，别着急，心急吃不下热豆腐！”“你是左撇子，别较劲儿了，右手投不远！”七言八语，这么一说，董存瑞脸腾地红了，“等着看，我非练出个样儿不行。”

“哎，董存瑞，你没事抱着石磙子干啥？”战友们看董存瑞一天不知多少次地抱院里的石磙子，“哎，董存瑞，那儿不是有扁担吗？用扁担挑比你用双手省多少劲儿啊……”“董存瑞，不能这样了，看看你胳膊肿的。”班长轻轻把董存瑞右胳膊袖子撸起来心疼地说。

“哎呀，董存瑞，你这胳膊都肿成大棒槌了！”战士们围上来。

“看看，战友们，董存瑞的苦练精神太需要咱们大家学习了。”班长趁机鼓励战友。

“班长，可别说了，这次投弹考核，我才投了 18 米，寒碜死了！”董存瑞红着脸说。

“别看这次 18 米，等胳膊消了肿，近不了！”班长蛮有体会地说。

“又评论董存瑞呢吧？”连长王万发一步踏进门里，“哎哟，肿成这样了！董存瑞，你有点儿练急了，射击、投弹、刺杀这几项要交替着练，全面技术提高了，也不至于这么累！要逐渐增大强度和难度，多向老战士请教！多动脑子！”

听着连长王万发鼓励的话语，董存瑞若有所思地点点头。

“班长，你看我投弹的角度对吗？”董存瑞急切地问班长。

“再略微向上调调，对，身子再往下沉一沉。”班长伸手给董存瑞调整着。

“董存瑞，今天是大风天，来，我陪你投一百次，咱们迎着风投。”班长拉着董存瑞钻进风沙中，“战场形势瞬息万变，不能总给咱们顺风。”

练兵场上，班长和董存瑞分站两边，对扔起来，不一会儿，两人都是汗流满面。

“董存瑞，今儿晌午太阳毒，我陪你练投弹一百次。”班长和董存瑞顶着烈日出现在练兵场上。几个回合就汗流浃背了。

春往暑来，四个月的大练兵运动结束了。

董存瑞自信地走上考核场，稳稳地双手抓起手榴弹，左右开弓，双双击中目标，名列全连第二。

全团投弹比武大会即将开始了。

“董存瑞，连里研究决定让你和刘福全、黄会来、张凤录几个人代表二营参加团里投弹比武大会。”

连长王万发特意把董存瑞叫到连部交代任务。董存瑞满脸兴奋，“连长，我保证给咱们连拿回个好成绩！”

“目前，投弹成绩是，第一名一营二连，第二名二营六连，第三名三营九连。最后一轮投弹开始！”裁判员挥舞着小旗宣布。

三名投弹手走上端线，围观的战士们纷纷议论起来，“看，嗨，一营二连没问题，大个子，”“再看六连，小黑个子。”二营侧身问六连连长王万发，“你们咋选个这么个小个子最后出马啊？”“营长，瞧好吧！”

话音未落，“小黑个子”稳稳地用右手投出了手榴弹，“嗖”的一声，“58 米！”裁判高举小旗子。

“大个子，一营 50 米！”“九连呢，九连的怎么样？”九连最后投弹手投了 48 米。

“超了，超了！”“六连第一了！”围观的战士们吃惊地叫了起来。

六连一下超过二连，跃居总成绩第一。董存瑞“小钢炮”的名声传遍了全团。

10．吃红烧肉

人物：董存瑞　十七岁　八路军某部六连六班战士
秦班长　四十一二岁　八路军某部六连炊事班班长

董存瑞和其他三名战友为连队从团里拿回投弹比武大会第一后，声名鹊起。

“秦班长，多来点儿，犒劳犒劳！”董存瑞领着刘福全、张六金等几个战士打饭时，冲着炊事班秦班长喊着。旁边别的班的战士侧眼看着，露出不服气的表情。

“小董，又晒黑不少！好，多给点儿。”秦班长乐呵呵地抡起勺子在菜锅里舀了一大勺，盛到董存瑞的饭盒里。

“哈，投弹能手，就是特殊啊！”七班战士忍不住说了句风凉话。

“不服气，也去团里争个第一呀！”跟着董存瑞的刘福全斜瞪了一眼。

“能耐上战场上抡几刷子去，抢饭吃，算什么牛！”又一个战士很明显不服气。

“战场上咱也不是孬种，不信，比试比试！”董存瑞看到刘福全被呛了，端着饭盒晃着膀子应了声。

其他几个战士都不再言语，默默上前打了饭，走到场地边上蹲着吃饭去了。

秦班长看到眼里记在心上，晚上悄悄找到指导员，说了自己的看法，“指导员，这董存瑞苦练投弹，拿了第一后，变了人似的，七个不服，八个不份儿的，这样下去，对他的成长没好处啊！”

“是啊，我也看到小董有点翘尾巴！老秦啊，你是老红军了，咱们不能眼看着该成的才成废料啊！”指导员也深有同感。

“指导员，我想咱俩唱个双簧，你看怎么样？”老秦班长对指导

员悄悄地说了几句。

指导员听了连连点头。

第二天，指导员直接找到了董存瑞，“小董，这几天炊事班人手不够，你去帮几天忙。”“行，指导员，保证完成任务。”董存瑞看到大练兵结束后别的事也不紧，便痛快地答应了。

“小董，今天中午连里决定改善伙食，特意杀了一头猪，做红烧肉给大家改善一下，你负责分肉。给，掌勺吧！”老秦班长认真地把一把大勺子递给了董存瑞。

“好嘞！老班长，放心，我坚决把事办好。”董存瑞心里高兴，这刚来炊事班帮忙就轮到了这样的好事。

“刘福全，来，回去让班里同志们好好吃！”董存瑞狠劲儿舀了一勺，放到六班的盆里，比别的班分量多不少。

别的班战士看着生气，但也都忍着没说话。

董存瑞一盆子一盆子地分着红烧肉，分到最后，还有一个班的战士没领到呢，红烧肉就没有了，董存瑞抓耳挠腮地拿着勺子刮着锅底，不知怎么办才好。

剩下的一个班的战士开始起哄了，“哎，投弹能手，咋让我们好好吃红烧肉啊？”

“哎，投弹能手，是不是多吃肉，弹就投得远呀？”

大家七嘴八舌，董存瑞下不来台了，哼哧半天，一句话也说不出来。

晚上，指导员拉着董存瑞的手在河边散步，“小董，你知道秦班长的故事吗？”

“不知道，就知道大伙儿都特别尊重他！”董存瑞低着头。

“为啥大家伙都那么敬他，一是因为他资格老，是长征老红军，再就是什么事都是先想着别人。长征过草地时，他也是炊事班班长，掌管着全连的粮食，为了全连战士都冲过草地，他自己采野草，吃树皮，生生没让全连战士挨饿，如果他也争抢着吃粮食，咋能让大家伙那么尊敬呢？咱们是革命队伍，不能只想着自己。特别是有能耐、有功劳时更应该想着别人，才能团结一致干革命啊！”指导员动情地讲着。

“指导员，我明白了。”董存瑞回想起让自己去炊事班帮忙的安排，知道了老秦班长的良苦用心，“指导员，你看我今后的表现吧！”

11. 延庆阻击

人物：董存瑞　十七岁　八路军某部六连六班战士
衣自强　国民党军队士兵
刘福全　十八岁　八路军某部六连六班战士

这是董存瑞正式参军后打的第一次大仗。

“连长打吧！”趴在战壕的董存瑞心怦怦在跳，紧张地问。

“沉住气，放近了打！”连长头也没回镇静地回答。

敌人冲到连脸部轮廓都能看清楚的地方时，连长高喊一声：“打！”机枪、步枪纷纷射击，手榴弹扔出一排，董存瑞瞄准敌人，“叭——勾”一声，一个敌人倒了下去，他高兴地喊起来，“连长，连长，我打死一个！”“隐蔽！”连长一下子把董存瑞按了下去，“嗖嗖”两颗子弹擦着头发飞了过去。“好悬啊！”董存瑞惊出一身冷汗。连长厉声吼道，“消灭敌人，保护自己！”

董存瑞激动地看了连长一眼，一抬头，发现敌人打算后撤，“孬种，想穿‘兔子鞋’，没那么便宜，着打吧！”董存瑞左右开弓，使出了投弹本领，一连甩出几颗手榴弹，“小钢炮”似的炸倒了七八个敌人。

敌人被打退了三次进攻，飞机、大炮又开始了新一轮轰炸。阻击战打到第八天，战地生活发生了严重困难。炊事班送不上来饭、水，战士们一个个嘴唇干裂，又渴又饿，有些战士的情绪消沉了。从小就有点子的董存瑞眼珠一转，想到轰炸过后，许多饼干都被埋到土里了，便马上动手从土里挖饼干，吹吹土，带头嚼了起来，可是没有水，干巴巴的根本咽不下去。全班战士接过饼干，咬了几口，也是咽不下去。董存瑞瞪圆眼睛，拼命吞咽，好几分钟，才算咽下去了一块饼干，回头鼓励大家，“同志们，要继续战斗，咱们就得咽下去。”说着又拿起一块吹吹土，嚼了起来。大家伙儿很感动，也纷纷拼劲儿吃了起来。

最激烈的战斗开始了，离自己阵地四百多米的山头爆发出一阵激烈的枪声、爆炸声。董存瑞扭头一看，原来友邻阵地被敌人突破了，已经打上了白刃战。董存瑞没等到班长下令，便“噌”的一下跨出战壕，端着上好刺刀的步枪，飞奔了过去。六班班长赶快又命令几个战士跟着冲了过去。

董存瑞刚冲上去，就碰上了一个大个子，这家伙一脸横肉，两眼凶恶，刚刺倒了两个解放军战士，杀红了眼。看到冲上来一个小个子，不由得一撇嘴，挺枪就冲着董存瑞杀来。

董存瑞一看来者不善，一个侧身，闪了过去，大个子猛扑不着，气得大叫，翻过身来，又是一下要命的冲刺，闪着寒光带着鲜血的刺刀眼看就要刺到董存瑞胸前。董存瑞冷静应战，让大个子使尽全力刺过来，在没有回旋余地时，才机灵地一个缩身，蹲了下去，个子本来就矮的董存瑞占了便宜，蹲下去，大个子没有目标地猛劲一下子把自己直接向前扎了下去。董存瑞借势一跳，腾出身位，抡起枪，照准大个子后心猛打过去。大个子扑通趴在那里，董存瑞高喊一声：“缴枪不杀！”大个子敌兵乖乖地举起了双手。

友邻阵地转危为安了，来自不同连队的战士高兴地拥抱着、跳跃着，看到活捉大个子的友邻连队连长紧紧握着董存瑞的手，“好样的，叫什么？”“六班的。”董存瑞笑了笑，抽回手，转身跑回了自己的阵地。

战斗过后，刘福全等人押着大个子等俘虏向后方去，大个子拿眼四处张望，寻找着什么人。他突然叫起来：“我不下去，我非见见那个小个子不可。”刘福全说：“哎，邪乎！还有讲条件的俘虏呢！好，好！”刘福全递给大个子一根烟，说：“你干啥非要见他？”

大个子接过烟，“我衣自强，勇冠三军，团长都败在我的枪下，人送绰号‘一支枪’，怎么也没想到今个儿败在这个小个子枪下。”

战士们哄堂大笑，刘福全说：“这就对了，你不知道这个小个子比你们团长可厉害多了。”

这时，董存瑞走了过来，“刘福全，你们干啥呢？”

刘福全转过身来，“董存瑞，快过来，你那冤家对头不见你不下山，非要跟你再较量呢！”

董存瑞一愣，对一起走着的班长说：“冤家对头？走，看看去。”

两人快跑到大个子跟前。

大个子站起身，渴望地看着董存瑞，看得董存瑞心里直发毛。

“你呀！班长，这就是跟我拼刺刀的那个大个子。”

衣自强伸出手，“我叫衣自强，绰号‘一支枪’，小兄弟，我真佩服你，我要留下当你们的兵！”

董存瑞转向班长说：“班长，指导员不是让咱们找向导偷袭敌人吗？我看，让他立个功再收下他。”

班长点点头，“请示一下连里，我看行。”

董存瑞对着衣自强说：“衣自强……‘一支枪’，当兵行，不过你得先帮我们做件事。”

衣自强双脚一并，“听长官的吩咐！”

战士们都笑了起来。

12. 抢制高点

人物：董存瑞　十八岁　解放军某部六连六班副班长
　　　刘福全　解放军某部六连六班战士
　　　衣自强　解放军某部六连六班战士

董存瑞望着南面的高山。那山从东、西两面向南围拢过去，形成了一座山的城墙，山城就坐落在高山南面的山腰上。山城背后那座最高的山上，有一个敌人的大碉堡。董存瑞心想：这一仗可得费点儿力气。

排长走过来，“董存瑞，团长叫你。”

团长拿着露出一线光亮的手电筒，照着地图说：“前面高山上的那个碉堡是敌人控制的制高点，里面住着一个排，有两挺轻机枪。悄悄拿下它，我们就可以在山上用火力控制整个山城，天亮前就能结束战斗。”

“团长，下命令吧！”刘福全、衣自强、董存瑞三人齐声说。

“这个任务困难的地方是要不声不响拿下碉堡。山很陡，你们三个要对付三十多个敌人，还要一枪不发。董存瑞，你机灵，说，办得到吗？”团长简要地说。

“团长，枪一响，全城敌人就知道了。我们保证做到一枪不发！”董存瑞激动得脸都红了。

“好，拿下碉堡后学几声夜猫子叫，出发！”团长下了命令。

碉堡看得见了，董存瑞他们趴在小树丛里，仔细观察。

敌人站的是双岗，背靠背，没有空当儿。

董存瑞他们一寸一寸地爬，离敌人二十来步远时，再也没法靠近了。

时间一分一秒地过去，都快三更天了。

忽然树枝响了一声。两个哨兵霍地站了起来，大声喝道：“口令？”

对方慢吞吞地应道：“大海！”巡哨的班长轻喝一声，“小心点，有动静马上报告。”说完，脚步声渐渐远去了。

董存瑞仔细前后想了想，捅了捅刘福全和衣自强，小声说：“准备跟上！”

忽地站起来，大踏步向前走去。

敌人哨兵大喝：“谁？口令？”

董存瑞不慌不忙，大声答道：“大海。”快速走上前去，急急地说：“团部有紧急命令。”

敌人哨兵问：“什么命令？”

说时迟，那时快，董存瑞用左手把敌人的两支枪一揽，右手高举手榴弹。“不许动，动就炸死你们！”

刘福全、衣自强快步冲上来，把敌人哨兵绑了起来，嘴塞住。

董存瑞轻喝道：“老实点儿，到时放你们回家！”

董存瑞他们三个人像小老虎似的冲进碉堡。敌人都在呼呼大睡。他们轻轻把枪架上的枪缴了。衣自强拿过机枪，对准床上的敌人；董存瑞一个箭步冲到二楼。敌排长听到动静，正把汽灯捻亮。董存瑞高声断喝：“不许动，缴枪不杀！”

敌排长顺手把床边的盒子枪扔了过来。

董存瑞正要把枪接到手里，敌排长“嗖”地从枕头下掏出另一把手枪，千钧一发之际，董存瑞飞起一脚，把敌排长的手枪踢飞了。

董存瑞、刘福全、衣自强三名勇士一枪未发，拿下了敌人的大碉堡。

董存瑞学夜猫子叫了三声。山下的解放军爬上高山。机枪、小炮对准了山下的敌人。

随着红绿信号弹升空，解放军发动了攻击，不到两个小时，战斗胜利结束，全歼了山城内的两千多个敌人。董存瑞立了一次大功。

13. 勇夺机枪

人物：董存瑞 十八岁 解放军某部六连六班副班长

独石口战斗后，董存瑞所在部队连夜急行军，向东挺进。

这天，天刚蒙蒙亮，从陡峭的山路上往下走，模模糊糊看到远处有一个村庄，就是现在隆化县境内的旧屯村。前边传来战斗命令，接着，村庄那里响起了激烈的枪声。

枪声就是命令，董存瑞和战士们一扫一夜行军带来的疲劳，纷纷从背上把枪卸下端在手中，冲向村庄。

敌人是从张北出来的一个骑兵团，昨天夜宿在旧屯村。被董存瑞所在部队碰个正着，上级决定就地围歼这股敌人。

敌人在村子外围设置了防线，六连奉命在村子的西北部发起攻击。突然，敌人的一挺机枪从胡同对面的围墙上迎面打来，冲锋道路被封锁死了。董存瑞心急如焚，敌人是骑兵团，如果不快速冲进村里，敌人备马上鞍向外突围，就不好打了。他正寻思着，排长命令道："六班长，马上干掉前面这个火力点！""班长，我去！"说话间，董存瑞已经拔出两颗手榴弹握在手中请战了。

"好，火力掩护。"班长话音刚落，董存瑞就扔出一颗手榴弹在围墙外炸起一团烟雾。接着，董存瑞冲向前面的一块洼地，匍匐前进。

敌人的机枪叫得更欢了，还时不时投过来手榴弹，弹片纷飞。董存瑞冷静观察了一下，发现左边有一个石头堆，于是一个滚翻滚到石头堆后面，飞快地又扔出一颗手榴弹在敌人机枪处爆炸。

敌人机枪哑了一会儿，又开火了，原来对面围墙里还套着一面墙。敌人火力点在第二道围墙里，手榴弹没炸到。

董存瑞气不打一处来，瞅准机枪换梭子的瞬间，纵向跳过第一道围墙，几个滚翻到了第二道围墙下。

他慢慢伸出头去观察，墙是普通人家的院墙，不足一人高，墙上有个缺口，敌人的机枪就在那里喷着火舌。

射击吧，墙遮挡住弹线；扔手榴弹吧，已经用完了。就在这时，排里的火力集中向敌人射击，趁这个机会，董存瑞紧贴着院墙，向机枪处爬去，接近机枪位置，躲在火力死角处。

瞅准机会，董存瑞猛然跃起，伸手抓住正在发射的枪筒，狠劲地向怀里拉。

打红了的枪筒烫得董存瑞手掌滋滋地冒起了青烟，疼痛钻心。

董存瑞咬牙忍住痛，脚往墙上一蹬，使劲一拽，硬是把机枪夺了过来。顺过枪把，抓在手里，敌兵正好刚换上一梭子子弹，董存瑞毫不客气地将弹雨洒向围墙里的敌人。

“冲啊！”排长一挥手枪，战士们拥进围墙，冲进旧屯村。友邻部队也纷纷攻进村里。

敌人的骑兵团被全部消灭了。

董存瑞在抢制高点战斗中和这次勇夺机枪的表现，在评议会上受到好评，上级审定后给董存瑞又记了一次大功。

14. 入党风波

人物：董存瑞 十八岁 解放军某部六连六班副班长
李振德 解放军某部六连七班班长
秦班长 解放军某部六连炊事班班长

“我不同意董存瑞同志入党！”随着一声低沉的话语，会场气氛顿时变得紧张起来。

说话的是六连七班班长李振德。

董存瑞参军以来，虽然也有些闹情绪，犯个小自由主义，虐待俘虏等错误,但都及时改正并且提高了觉悟,更主要的是他苦练杀敌本事，成为了数一数二的投弹能手，又在几次战斗中奋勇机智杀敌，已经立了三次大功。参加讨论的党员干部、战士都对董存瑞的入党表示同意。

七班长突然冒出来的话，让大家都愣住了。指导员急忙问：“七班长，那你快说说，咋不同意董存瑞同志入党啊？”

李振德索性站了起来，红头涨脸地说：“要论作战本领和立功表现，董存瑞响当当儿，没说的，我和董存瑞个人之间在战斗中多次配合作战，也有深厚的战斗友谊。可就是一样，董存瑞有点翘尾巴，不尊重连队领导，缺乏阶级感情，还需要考验一段时间。”

“七班长，董存瑞是有个小脾气，爱站出来说话。可是没看到董存瑞不尊重领导啊！”二排长站出来为董存瑞打抱不平。

“有一次连里杀猪改善生活，炊事班把猪心另炒个菜，给连部送去。董存瑞不该把这件事大声小嚷地说出来，还对连里干部提出了批评意见。”李振德理直气壮地说。

“是啊！连长、指导员他们连续几个月领着咱们行军打仗，都是吃苦在前，享受在后，没日没夜地操心，关心、爱护咱们。董存瑞为这件事到处说连干部的不是，是差点劲儿。”另一个党员深有同感。

炊事班老秦班长这时站了起来，不慌不忙地看看大伙，“董存瑞对领导爱提个意见，这没错。可要是凭这点就说他对干部不尊重，爱护不够，没阶级感情，我看不合适。”

会场上连长、指导员都静静地听着，其他人悄声聆听着。

“要说对同志阶级感情深，关心爱护干部，我看董存瑞做得很好。去年冬天，形势吃紧，我们经常吃不上饭。有一次，董存瑞出去执行任务，一天水米没沾牙，饿得直打晃，别人给了他几块年糕，可他一口没吃，想起连首长也饿了好几顿，带回来直接送到了连部。这能叫缺乏阶级感情吗？”秦班长接着说。

这么一说，大家都有所触动，也有点对关心、关怀干部不太明白了。

指导员看到大伙有点疑惑的神情，站起来说：“关心党的利益，维护党的原则，这正是一个共产党员应有的觉悟，我们一定要提倡这种精神。”

指导员拍了拍董存瑞的肩膀，接着说：“七班长刚才提到的董存瑞同志给连部提意见的事，还是董存瑞同志做得对。去年，环境艰苦，连里干部还能和战士们打成一片。后来形势好转，连干部就不大严格要求自己了。一盘炒猪心，事不大，但董存瑞同志给我们敲了警钟。”

指导员转向七班长：“七班长是看到董存瑞同志大声小嚷地说这件事，担心对连干部的威信造成影响，也是对咱们连集体的关心。但一定要理解董存瑞同志的目的，是希望干部不脱离群众，大伙同甘共苦，并肩战斗，更好地完成党交给我们的任务。这是更深刻、更好地尊重和爱护干部！”

七班长、六班长和其他参会党员干部战士一齐鼓掌。董存瑞眼里闪动着泪花，激动地站起来，握紧拳头，高声说：“同志们，我一定为党的事业奋斗终生！”

15．“石海”伏击

人物：董存瑞　十八岁　解放军某部六连六班副班长
秦班长　四十二三岁　解放军某部六连炊事班班长

人民解放军某部在“石海”设伏围歼敌人“王牌师”的战斗打响了，董存瑞所在的六连负责在山口处“扎口袋”。

敌人的机械化部队被围在山谷中后，拼命组织反冲锋，想要杀开血路，六连阵地连续被攻击五次了。

攻击间隙，敌人的炮火封锁着我军阵地。快一天了，战士们水米没沾牙，炊事班试着送了几次饭都被敌人炮火阻断了，还牺牲了四五名炊事班战士。董存瑞看着战士们焦渴的嘴唇，饥饿的样子，非常着急地回看着我军后方，滚滚烟尘炮火中，一抹红色在向阵地上移动着。

近了，董存瑞在烟雾中看出了炊事班老秦班长的身影，他背着一袋东西，左躲右闪，在敌人炮火的间隙中向六班阵地移动。“秦班长！”董存瑞高喊着，“同志们，老秦班长给咱们送吃的了！”又回头招呼战士们去接秦班长。

还有二十几米了，老秦班长脖子上的红围巾清楚地看到了。突然一排炮弹呼啸而至。董存瑞高喊：“秦班长，卧倒！”话音未落，炮弹在秦班长身边炸响，一阵火光烟尘中，红围巾抛向空中。“不好！”董存瑞纵身跃出战壕，向秦班长跑去。

“小董！快！把馒头……给战士们吃！”老秦班长艰难地睁开眼睛，手拉着董存瑞指指后背，鲜血已经浸红了秦班长背上的包。

“秦班长！”董存瑞着急地抱着秦班长，眼前浮现出“吃红烧肉”的场景，眼泪夺眶而出。

“小董！要狠狠打敌人！完成任务！”秦班长身子一沉，闭上了眼睛。

敌人又一次冲锋开始了，疯狂地一波接一波地向上冲。“副班长，班长受伤了！”刘福全冲过来。董存瑞命令:“不要慌,听我的指挥！”“副班长，快没子弹了！”董存瑞心里一紧，一摸自己的子弹袋，也只剩下一个弹夹了。

“同志们，节省子弹，瞄准了打！”董存瑞说着瞄准敌人，一扣扳机，打了一个“串糖葫芦”，一下子打倒了两个敌人。战士们纷纷瞄准了打。

敌兵一看枪声稀了，“快，冲，没子弹了！”敌指挥官吆喝道。

敌人胆子大了，蜂拥而上。董存瑞大吼一声：“拿石头砸！”说着搬起一块大石头扔了下去。

这条山谷叫“石海”名不虚传，山上全是大大小小的石头。六连占据的山头，坡陡石多，董存瑞灵机一动的主意提醒了战士们。有的两人一组抬，有的三人一起滚，大小石头滚下山坡，砸得敌军鬼哭狼嚎，有的滚下山去，有的被砸得脑浆迸裂，一下子把敌人的气势砸了下去。

石头滚过之后，敌人又像疯狗一样狂叫着，攻了上来。

“王牌师还真不是吹的啊！”刘福全看着蜂拥而上的敌人，不由得有些担心地对董存瑞说。

“咱让它变成送死的王牌！来吧！狗杂种！”董存瑞“咔嚓”一声带头上了刺刀。

“让老子发发威！来吧！”衣自强晃了晃手里的步枪，大吼着。一部分敌人刚爬上山顶，我军阵地上蓦然跃起一排端着刺刀的勇士，如同猛虎冲进羊群。

董存瑞刚刺死一个敌人，又一个敌人猛刺过来。董存瑞机灵地一闪，躲过这一下，趁敌人没来得及转身，从侧后一个猛扑，把敌人抱住，摔倒在山坡上。敌人也紧抱住董存瑞不放，两人扭打在一起，眼看就要滚到山崖边上了，敌人吓得叫起来，慌张地松开了手。董存瑞纵身一跃，抱住了山崖边的一棵小树，朝敌人腰部狠命踹了一脚，把这家伙直接蹬到了山崖下，对方摔成了肉饼。

敌人的第六次进攻被打退了。总攻的号声吹响了，我军发起了围歼“王牌师”的总攻击，“石海”伏击战胜利结束。由于董存瑞在战斗中冲锋在前，勇敢机智杀敌，上级又给他记了一次大功。

16. 关心战友

人物：董存瑞　十八岁　解放军某部六连六班副班长
　　　郅顺义　三十岁　解放军部六连六班新兵
　　　刘福全　十九岁　解放军某部六连六班战士

刘福全带着几个从连里领回的新兵进了院子，战士们迎上去，张六金叫道："哎，都说新兵蛋子、新兵蛋子，你倒好，领回个新兵'大爷'。"

董存瑞走出屋子一看，果然，三个新兵里面，有一个穿着破旧棉袄，脚上穿着"咧嘴鞋"，胡子拉碴，满脸涨红的新兵，看上去得有四十来岁了。他赶快迎上前去，挥手制止住了张六金，拍了拍那个兵的肩膀，"先进屋暖和暖和！"看到另外两个新兵，穿戴还算齐整，就对刘福全说："你把这两个新兵领到你们屋去，好好照顾着。"刘福全答应着，也没忘提醒那个新兵"大爷"，"这是我们副班长，叫董存瑞。"

"你叫什么啊？""我叫郅顺义。""看起来岁数不小了啊？""三十岁了。"

董存瑞一听，吃惊地瞪大了眼睛，一是他看起来有四十了，另一个就是三十岁也比自己大多了。但他仍然挺老练地了解情况："家里还有什么人？""老爷子、老婆，还有一个儿子呢！""嗬，那怎么来当兵呢？""我要保卫胜利果实，土改前，我家无田无地，是雇农，靠打零工生活，土改后，家里分了十亩地，一头牛，日子过得红火起来，可老蒋偏不让咱过安分日子，咱就和他干！"

董存瑞叫起好来："好！就得和这龟孙子干。"接着对郅顺义说，"老郅，到部队了，咱们是一家人。来，部队现在困难，军装发得不及时，你先把我这身凑合着换上。"说着，董存瑞从自己行李里拿出一身洗得干干净净的旧军装递给郅顺义。郅顺义推让着，"副班长，我不能穿你的衣服。”“老郅，不要推让了。来，我这儿还有双鞋，你也换上，看你的鞋都‘咧开嘴’了。”董存瑞又从行李里掏出双新布鞋。那是参军时，姐姐存娥做给他的，他一直没舍得穿。

董存瑞帮郅顺义换完衣服、鞋，又用刮脸刀给他刮了胡子，再领回院子里，郅顺义立马年轻了十多岁。张六金俏皮地说：“副班长真会打扮人呢！”

郅顺义不好意思地冲大家说：“各位小兄弟，我年龄大点儿，但我是新兵，大家还要多帮助我！”

晚上，六班开了迎新会，班长特意把郅顺义分到了董存瑞的战斗小组。从此，董存瑞手把手教郅顺义射击、投弹、刺杀，在各方面都无微不至地关心郅顺义这个新兵“大爷”。

郅顺义第一次到村外站岗，董存瑞不放心，跟着去了。路上给郅顺义讲站岗放哨的作用和要求，要眼观六路，耳听八方。到哨位上，又嘱咐郅顺义，夜间站岗，要特别注意隐蔽自己，要站在视界好，又不易被敌人发现的暗处，问口令时，要短促、洪亮，问完立即变换自己的位置；遇到敌人盘查时，要叫他拍着手过来，防止吃亏上当……

“副班长，这站岗放哨还得借别人的枪，啥时也发给我一支枪啊？”郅顺义看副班长董存瑞对自己这样周到，就放开胆提了要求。

董存瑞想起自己两年前的情景，不由得笑了：“枪嘛，有的是，到时候咱们到战场上去领！”

机会来了，部队要在玉皇山下打一仗，六连担任反击任务。

郅顺义第一次参加战斗，心里“突突”直跳。董存瑞给了郅顺义四颗手榴弹，关切地说：“打响以后不要慌，跟着我，保管你缴到枪。”

郅顺义紧张地点点头，没说话。

冲锋号响了，部队发起了冲锋，董存瑞高喊：“跟上！”就向前冲去，郅顺义紧跟在后面。

敌人从第一道战壕溃退了，董存瑞回头对郅顺义说：“看着！”说着，猛投出一颗手榴弹，郅顺义学着董存瑞的样子，也用力扔出去一颗手榴弹。趁着烟雾，董存瑞一个跃进，跳进了战壕，郅顺义也跟着跳了进去。

董存瑞一面向敌人反击，一面指着前方，“老郅，那儿！”郅顺义定眼一看，刚才手榴弹爆炸的地方，横躺着几具敌人的死尸，一支七九步枪完好无损地躺在一边。

战斗结束了，郅顺义背着七九步枪，走到董存瑞跟前，兴奋地报告：“副班长，你看这枪，一点儿都没坏。”

董存瑞望着脸上还有战斗尘土的郅顺义，赞许地说：“好，老郅，你真勇敢！”接着又讲了自己得枪的经历，告诉郅顺义“一切缴获要归公”，枪要交给上级处理，等候分配。

郅顺义听了董存瑞自己的故事，愉快地点着头，“副班长，我这就交到连部去！”

董存瑞看着经过战斗洗礼的郅顺义，露出了欣慰的笑容。

17. 火中救人

人物：董存瑞　解放军某部六班班长
　　　玉　兰　七八岁　农家小女孩

1948年春，我东北人民解放军十一纵队挺进热河，准备攻打承德的北大门隆化。一天下午，董存瑞所在的九十六团六连经过承德二沟时，遇上逃跑的国民党军抢劫老百姓后正放火烧村庄。董存瑞和战友们远远看见一个村庄火光冲天。连长命令：“跑步前进！一、三排追击敌人，二排救火！”

董存瑞带领六班奔向村中火势最大的一片民房，边跑边喊：“两人一组，先救人！”他却一个人冲进了一个院子。房上火噼里啪啦地烧得正旺，已烧向门窗。他把背包、枪、子弹袋等往墙角离火远的地方一扔，就一个箭步冲进了屋里。烟呛得他直咳嗽，他猫着腰找人，在里屋门边看见一个人正在向外爬。他用力把这人拉到背上，拖拉着背到了院里，放下一看是个中年妇女，身上衣服有的地方还冒着烟。董存瑞帮她想灭衣服上的火，她咳嗽了两声，睁开了眼睛，拉着董存瑞的袖子，一只手指着屋里嘴张了几张，发出了微弱的声音：“兰……兰……”董存瑞一下子明白了她的意思，一纵身又冲进了屋里。

董存瑞刚跨进外屋，就听身后“咔嚓”一声，接着噼里啪啦一阵响，门上的木头烧落了架，断木和泥土掉了下来，火星溅到了身上，热浪扑到了脸上。他不能睁眼——被烟呛得直流泪，不能呼吸——被烟呛得咳嗽。烟淹没了一切，他试探地四下摸索。他感到右肩和左腿被火烧灼，疼痛难耐。他幸运地摸到了水缸，手伸进了水里，但水少，蘸一些淋在右肩上——不管用。他四处摸舀水的家什，没有，怎么办？他忽然有了办法：撸下帽子伸进缸兜了些水浇在肩上，棉衣上的火被浇灭了，又兜水浇灭左腿上的火，他往身上淋了几次水后就向里屋摸去。炕上的破烂物什在着火冒烟，一阵风吹来，火苗和浓烟向炕下袭来，董存瑞一个踉跄，绊在一个东西上，差点儿跌倒，一摸软乎乎的，不大，是个孩子。由于烟熏火燎，不能顺畅呼吸的时间长了，体内缺氧，董存瑞已经感到浑身发软，没有力气了。可是，“董存瑞性格”——不畏难、不失败的那股劲儿，支撑着他抱起孩子，一步跨到炕上，一脚踹断舔着火舌的窗棂，跃身飞到了屋外。这时他才觉得头昏脑涨，嗓子像堵了棉花一样憋闷。

这便是：

二次入火海，忘我救玉兰。

为民生死以，火海救玉兰。

18. 院中堡垒

人物：董存瑞　十九岁　解放军某部六连六班班长
刘福全　二十岁　解放军某部六连六班副班长
张六金　十九岁　解放军某部六连六班战士
王祥贵　解放军某部六连六班战士

为适应解放军由战略防御转入战略反攻的形势和需要，部队开展了攻坚战术的演练和学习，学会打攻坚战。

董存瑞担任班长的六班有一个去年打隆化时解放过来的战士王祥贵，他看到董存瑞领着全班战士苦练攻坚战术，一脸不屑，训练时也是有一搭没一搭的，心不在焉。董存瑞平时对战士比较了解，觉得王祥贵的神情和做法和平时不一样，就趁着晚上吃饭后的时间拉上他去营区外转一转。

“祥贵，我看你最近心思好像不在练习上，有啥心事不？”董存瑞关切地问。

“班长，没啥，就是这阵子不舒服。”王祥贵明显不好意思地说。

“不对，祥贵，你也解放过来一年多了，没像这样。有啥心事你就说说。”董存瑞诚恳地说。

“班长，我看你真是个热心肠，领着大伙练攻坚，炸碉堡。你又这样关心我，我就实话和你说吧。我觉得你们这样练没用，白忙活！所以我不上心。”王祥贵看董存瑞追问，就涨红脸说了出来。

董存瑞一听来了精神，“哎，那你快说说，怎么是白忙活呢？”董存瑞一心惦记着再打隆化立头功，一听谈到攻坚战术的事，就立马急了。

王祥贵看董存瑞听了自己的话，不但没恼性，反而要让自己谈意见，也特别激动，忙说：“班长，说实话，咱们的武器装备虽然比以前好了，但要和国军比起来，还是差很多。像咱们这样简单的攻坚战术，根本攻不破国军那么多的明碉暗堡，死伤还少不了。”

董存瑞着急地催促他，“那你说，该咋办？”

王祥贵比画着说：“我看，得把要攻击的阵地布置大致弄出个样儿来，让大伙根据地形、地物、防御火力、明碉暗堡位置这些东西，琢磨进攻方法。肯定比光过土坎子、爬水坑子要好不少。”

董存瑞一听，心里豁亮不少，再想想自己前一段时间只领着战士苦练了，土坎子、水坑子没少过，方法还真不行。他马上拉着王祥贵的手说：“祥贵，我看你肚子里的墨水儿还真不少，行，明天咱们先摆布摆布看看。”

第二天早上刚起来，董存瑞就让刘福全、张六金、郅顺义三个人去河边抬沙子，他和王祥贵去外边找来些破砖头瓦片、石头、树枝，然后就在院子里忙活起来。

一开始，张六金不知道董存瑞葫芦里又要卖什么药，忍不住就问：“班长，这是要干啥呀？”

董存瑞看到当年的小伙伴那着急样儿，想起当年炸刘大肚子“坟桌”的事，便故意逗他：“可有用呢！待会儿，你就知道了。”说着，一边哼着歌，一边继续摆弄。

张六金一甩手把一挑筐沙子倒在董存瑞跟前，“看你又鼓捣啥，明个儿扫院子，你自己清沙子、碎砖头吧！”

不一会儿，在院子里出现了大大小小的沙堆，董存瑞和王祥贵围着沙堆，一边比画，一边把树枝、碎砖头插在沙堆上，又在上面画出几道沟……

忙活完了，董存瑞把全班战士召集起来，手里拿着一根木枝，对大伙说：“咱们前一阵子天天练攻坚，可敌人的城防工事啥样，咱一点儿也不清楚，累没少受，但效果不怎么样，今儿摆出个样子，大伙看看怎么攻坚。”

张六金这才明白董存瑞的用心，高兴地说：“班长，你还真有两下子，明天扫院子这事我包了。”

董存瑞笑了，“行了，别瞎咋呼了，先听听！”说着，用树枝在沙堆上比画起来，“这几块沙堆是苔山，大砖头是隆化中学，小砖头

是母堡，周边小石块是子堡；树杈、沟沟是铁丝网，交通壕……”

接着，手里的树枝指向另一个方向，“假如，咱们主力从这个方向突破，往隆化中学攻，咱班担任爆破任务，要扫除外围的这片大小母子堡，得连续爆破才行。大伙看看，用什么姿势，从哪里接近，咋个炸法？”

有了这“土沙盘”，战士们的劲头来了。这个说，利用这些土坎从东北方向攻击好；那个说，先炸左边的子堡，再炸右侧的母堡；还有的说，匍匐太慢，要加强火力掩护，低姿跃进……

连争带说再在“沙盘”上比画，一个攻坚方案雏形就出来了。

爱琢磨事的刘福全说了一句：“咱们给这玩意儿取个名，叫‘院中堡垒’好不好？”

郅顺义赞同说：“嘿，这名儿不赖！”

张六金眼尖，看见指导员一声不响地在边上看呢，就问：“指导员，你看叫‘院中堡垒’咋样？”

指导员非常高兴，“你们这个军事民主办法好，不但演练了攻坚战术，还发挥了大家的智慧。”

后来，六连党支部在全连表扬了六班，团里也通报表扬，师里还组织连以上干部参观学习了“院中堡垒”，推动了部队攻坚战术的训练。

19. 爆破元帅

人物：董存瑞 十九岁 解放军某部六连六班班长

李振德 二十四岁 解放军某部六连七班班长

刘福全 二十岁 解放军某部六连六班副班长

郅顺义 三十一岁 解放军某部六连六班战士

人民解放军第十一纵队配属冀热辽军区炮兵旅共两万多人已经将隆化城围了个水泄不通，各部队以连为单位开展了充满战斗激情的战前争帅选将活动。

九六团二营六连的誓师大会开得分外热闹，四面旗子立在会场两边，上面分别写着“爆破元帅”“火力将军”“支援将军”“突击将军”，旗子猎猎飞舞，下面百十多名战士纷纷摩拳擦掌。

指导员兴奋地做着战前动员，“同志们，这次隆化战斗，营里把咱们连确定为尖刀连，要从外围强攻进去，配合其他部队消灭隆化中学据点里的敌人。”

战士们想到去年打隆化时就是被苔山和隆化中学两个堡垒阻挡住了，功败垂成，群情激奋，纷纷高呼：“指导员，下达任务吧！”“指导员，副连长，我们一定要攻下隆化中学！”

主持会议的副连长挥手说道：“攻坚战斗最重要的是爆破，首先大家推选最机智、勇敢的战士担任爆破手，作战英勇顽强的班长担任‘爆破元帅’。”

话音刚落，就传来清脆响亮的喊声：“报告！”战士们知道是董存瑞，没等表态，“报告”声不断，会场沸腾起来，把董存瑞的声音压下去了。

刘福全一着急站起来大声说道：“我们班长董存瑞是全团的模范爆破手，攻坚技术全团数一数二。还有，我们六班搞过‘院中堡垒’，

熟悉敌人的城防工事，爆破手也应该是我们六班出。”

郅顺义也站了起来：“我们班长当‘爆破元帅’最合适了，谁当‘火力将军’，哪个‘支援’，哪个‘突击’，让董存瑞点名！”

“好！同意！”六班战士纷纷喊着。

“同志们，六班长董存瑞同志做‘爆破元帅’，谁还有意见？”副连长说道。

“没有。”眼看就要一致通过，董存瑞紧攥冲锋枪，心“怦怦”直跳。

“我有意见。”七班长李振德大喊一声站了起来，态度十分严肃地说，“六班长觉悟高、技术好，战斗积极，练兵练得也好，没得说，就是执行任务毛手毛脚，容易误事。”

全场突然安静了下来。齐刷刷的眼光都盯向了董存瑞。

董存瑞脸腾地红了，刚要站起来说明情况。六班的一个战士站起来抢先发言：“昨晚上的事都怨我，跟班长没关系。”

原来，昨天晚上，连里派董存瑞带两个战士去侦察，一个战士不留神碰到了铁皮罐头，三个人顿时处于敌人火力覆盖之下。董存瑞沉着冷静，趁乱扔出手榴弹，摆出一副进攻的架势，不但掩护了两个战士撤退，还趁机发现了敌人原先没暴露的几处暗火力点。

战士把真实情况一说，副连长在台上肯定地说：“昨晚上，董存瑞同志机智灵活，不但完成了预先的侦察任务，还多发现了几处暗火力点，是这么回事。”

掌声雷鸣般响了起来，刘福全大声喊着：“同意六班长当‘爆破元帅’！”

战士们齐声喊道：“同意，同意！”

董存瑞看到战友们的信任，激动地站起来，“七班长的批评是对的，我事先没对全组讲清可能发生的特殊情况，不谨慎细心，真打起攻坚来是不行的。我一定克服缺点，沉着细心，多想办法，保证完成爆破任务。”

七班长李振德也激动地说了一句：“六班长是好样的，我没了解情况，错怪他了。”

副连长大声说：“同意董存同志知当‘爆破元帅’的举手！”

全连干部战士高高地举起了手。

董存瑞提名郅顺义担任“突击大将”，刘福全当了“火力将军”，就差“支援将军”了。在向敌人纵深爆破时，担任支援任务的人，必须及时、不断地把炸药包和手榴弹送上去。

董存瑞环视着全连战士，猛然间，他的眼光扫到七班长身上，打定了主意。七班长李振德一向战斗勇敢，动作迅速，是全连数得着的好战士，对，就是他。

“我提七班长担任‘支援将军’，一起去完成爆破任务。”董存瑞坚定地说。

七班长激动地走上前去，握住董存瑞的手说：“有天大的困难，咱们也要完成任务。”

四面旗帜在董存瑞、郅顺义、刘福全、李振德手中挥舞着，四个人一齐举起右拳：“连首长，同志们！在这次战斗中，负伤了，我们不下火线；牺牲了，当个掩体，也要和同志们一起把隆化攻下来！”

全场爆发出一阵热烈的掌声和欢呼声。

20. 擎天壮举

人物：董存瑞 十九岁 解放军某部六连六班班长 爆破元帅
郅顺义 三十一岁 解放军某部六连六班战士 火力将军
刘福全 二十岁 解放军某部六连六班副班长 突击将军
李振德 二十四岁 解放军某部六连七班班长 支援将军

一九四八年五月二十五日，总攻隆化城的战斗打响了。下午，董存瑞所在的六连投入到进攻隆化中学据点的战斗中。

“爆破组，上！”副连长一声令下，董存瑞一挥手，抢先冲出了战壕。郅顺义、刘福全、李振德等战士，紧跟在后面。

敌人的机枪疯狂扫射，严密封锁着前进的道路，一个爆破手冲了上去，“轰”的一声，第一个碉堡飞上了天。但那名爆破手却倒在第二个碉堡前。又一名爆破手牺牲了。董存瑞悲愤交加，回头对郅顺义、刘福全等人说：“老郅，我们上去，沉住气。”

“好！”郅顺义扔出了手榴弹。

董存瑞抱着炸药包一跃而起，穿过浓烟，飞快扑到敌碉堡前，迅速支好炸药包，拉燃导火索，随着翻身一滚，滚到早已看好的一块凹地中。

“轰”，第二个碉堡被炸毁了。这时，李振德冒着弹雨给董存瑞送来了第二包炸药，在战友们的坚定配合下，董存瑞和刘福全一鼓作气，又炸掉了敌人的五个碉堡和三个炮楼。

隆化中学东北角的外围被打开了。六连的战士们一个个跳出战壕，冲了上去。刘福全带领突击组冲在最前面。跳过一道土坎子，他们已经看到了隆化中学的围墙，战士们猛扑上去。这时，从隆化中学外侧旱河上的一座桥上，突然喷出了六条火舌，挡住了部队冲锋的道路。冲在最前面的刘福全重重地倒在了地上。

董存瑞不顾一切，冒着弹雨奔到刘福全身边，把他背了回来。刘福全呼吸已经非常吃力了，“班长，四虎子，你告诉我爹，我没给他……丢脸！快！快把桥型暗堡……炸……”话没说完，就停止了呼吸。

董存瑞紧抱着刘福全，大声喊着：“栓柱！福全！”双眼迸射出仇恨的火花。他猛地转身，冲到副连长跟前，“副连长，我去炸掉它！”

“副连长，这里地形我熟，我去炸掉它！”李振德也冲了过来。

副连长看了李振德一眼，命令道：“六班长先休息一下，七班长上！”

郅顺义火力组的机枪吼叫起来，郅顺义狠狠地甩着手榴弹。李振德抱着炸药包，机智地跃进滚翻，眼看就要冲过开阔地了。突然，一颗子弹打中了炸药包上的雷管，“轰”的一声，李振德被炸得血肉横飞。董存瑞急得一拳砸在战壕上，气炸了肺，再次请战。

这时，团部来了紧急命令，兄弟部队已经攻进了隆化中学，要六连火速从东北角插进去，下午三点半发起第二次总攻。还剩不到十分钟了，情况万分紧急。

董存瑞冲到指导员跟前，几乎喊了起来：“我是共产党员，又是大伙选出的‘爆破元帅’，关键时候，就该我上！”

指导员激动地拉住董存瑞的双手说：“好，你一定要炸掉它，给部队扫除前进障碍！”

“指导员，我保证完成任务！”董存瑞一面说，一面从上衣兜里掏出个小包，郑重地递给指导员，“如果我牺牲了，奖章交给党组织；钱，就是我交的最后一次党费！”

指导员接过小包，动情地说：“一定要活着回来！”

董存瑞扭过头对郅顺义说：“老郅，如果我完不成任务，你一定要炸掉它！”

董存瑞和郅顺义互相配合，快速向前移动着。郅顺义打几颗手榴弹，董存瑞向前跃进几步，再打一阵，再跃几步，支援组及时把手榴弹运到了郅顺义手里。

前面是开阔地，敌人的火力更疯狂了。董存瑞异常平静地对郅顺义说：“万一我牺牲了，请你转告党支部，我建议追认刘福全为中共党员，介绍人算我一个。他和李振德的家，请上级转告地方政府多照顾。”

董存瑞停了停又对郅顺义说："老郅，你也是党员了，一定要听党的话，把自己的一切交给党！"

"老郅，投弹掩护！"董存瑞大喊一声，冲向了开阔地。

郅顺义用力甩出手榴弹，浓烟中，董存瑞冲过了开阔地，再次跃进时，突然歪了下身子，左腿的鲜血染红了裤腿。但董存瑞没停步，顽强地疾速跃进，猛地跳进旱河沟，几步蹿到了桥型暗堡下。

董存瑞抱着炸药包，在桥下来回走着，想找个合适地方安放炸药包，可真是急死人，带三角架的战士牺牲了，没能送上三脚架；桥离地面有一人多高，放在地上炸不到，桥两边是光滑的墙壁，高处没地方搁……

正在这时，嘹亮的冲锋号响了起来，总攻时间到了，惊天动地喊杀声由远而近，部队潮水般地涌了上来。桥型碉堡的砖头又被推开了六块，增加了六个暗藏的枪眼，子弹如急雨一样，疯狂地扫向部队。

董存瑞猛地抬头看了看桥顶，又扭头回看了一眼正在冲锋的战友和离他仅有五十米的郅顺义，身子向左一靠，站在桥中央，左手托起二十斤重的炸药包，紧紧贴住桥型暗堡，右手猛地一拉导火索。

导火索"咝咝"地冒着火花和白烟。

郅顺义急得纵身一跳向董存瑞跑去，只听董存瑞厉声对郅顺义喊道："卧倒！快卧倒！"

接着是一声巨响，天崩地裂，一团火光伴着浓烟冲上天空，敌人的桥型暗堡被彻底炸毁了。

董存瑞用他气壮山河的擎天一举，为祖国和人民留下了"顶天立地，继往开来"的伟大形象，并永远地留在了人民心中。

编后记

2016 年 5 月 25 日下午，存瑞中学初一、初二年级和高一年级共一千余名师生参加了董存瑞牺牲 68 年纪念大会，由初二年级学生表演的组歌《董存瑞之歌》的精彩片段“苔山的青松”和由初一年级八名男女同学讲述的董存瑞故事片段吸引了广大师生的注意，也引起了郭常森校长和有关领导的思考。联想到平时与师生接触，发现许多师生对董存瑞的生平事迹和成长经历了解甚少，只知道他牺牲是在 1948 年 5 月 25 日下午以及他左手托起炸药包、右手猛拉导火索的壮举，真正具体地感知董存瑞思想、感情、变化成长的人并不多。作为以英雄名字命名的学校的师生尚且如此，更不要说社会上的人们对董存瑞的了解了。

因此，在纪念大会后，郭常森校长就有了把有关宣传讲述董存瑞事迹的作品编辑起来，作为校本材料和传统教育读本的动议。编者本人也有同感，旗帜鲜明地加强学校英雄文化建设进而形成存瑞中学德育特色也需要这样一本教材。隆化县域范围内有 1948 年 7 月冀热察行署报请中央军委批准命名的存瑞中学，也有隆化县先后于 20 世纪末和 21 世纪初为打造特色德育学校而命名的存瑞小学、存瑞幼儿园，但都缺少系统、完整而又形象地讲述董存瑞短暂而光辉一生的材料。据了解，董存瑞烈士家乡河北省怀来县的存瑞中学、上海的存瑞中学也都没有相关的材料。隆化存瑞中学在传扬存瑞精神时，最多是播放一下《董存瑞》这部电影，请有关人士做讲演、报告。师生广泛参与其中的宣传样式比较单一。

早在20世纪五六十年代，隆化存瑞中学师生就创作过关于董存瑞的歌剧、鼓词、快板、话剧等，但年代较远，有些材料未能得到保存。较为典型且之后也多次传唱的是魏惠生老师作曲，多位老师集体作词的组歌《人民英雄董存瑞》，该组歌创作于1972年，经历代师生传唱、完善，其中张世杰老师在学生排练演唱时根据实际做了修改，近些年也由张世杰、肖虹、李红军等音乐组老师主导排练过多次。选编进《董存瑞组歌》，是想通过学校"英雄之声"合唱团以合唱的形式对英雄事迹不断加以传承。

《战斗英雄董存瑞传》是"相伴存瑞四十年"的吕小山和张敏杰老师历经几十年寒暑采访、查找资料精心编撰而成的。材料翔实，数据较为可靠，有利于人们准确了解董存瑞烈士，所以本书特意编入。

电视文学剧本《董存瑞》（八集）由姜乃学、白东升、刘德福老师创作于1998年，缘起于当年江泽民同志提出在全军连以上单位张挂六位烈士像，即张思德、董存瑞、黄继光、邱少云、雷锋、苏宁（2010年，中央军委批准将6位英雄扩大到了8位，增加了李向群、杨业功），三位作者考虑到董存瑞被中央军委确立为全军学习的楷模之一，其事迹亟须感染力更强的文学作品加以描述、传播，故借助有关材料，创作了该剧本。剧本较之一般传记故事更有文学性，故此次一并编入。

《董存瑞的二十个故事》更多的是借助丁奇璋著的《少年董存瑞故事》和金革、陈秋的《董存瑞故事》编写而成，较之以上两本著作，这次编写的故事更适宜学生们口头讲述。对于小学、初中学生较为适合。

该书在编写过程中，得到了董存瑞妹妹董存梅女士、侄女董继英老师的充分肯定，吕小山、张敏杰、魏惠生、张世杰等老师的无私支持，隆化存瑞中学领导及同人的帮助；祁春红老师、王志龙老师、肖树林老师、杨墨老师等提供了相关照片，王爱群、张雅芳等协助打印，隆化存瑞中学办公室肖敏、张晓清、黄俊杰老师及董存瑞烈士陵园刘金霞同志提供相关史料和电子文稿；群众出版社总编室副主任、存瑞中学校友孟雪婵女士倾力相助，在此一并致谢！

陶克将军为本书题写书名，校友陈日德博士居中联络，这些都是

对编者工作的鞭策和激励，谨致谢忱！

编者

二〇一六年七月